펜으로 진실을 밝힌
리영희

펜으로 진실을 밝힌
리영희

권태선 글 · 이은주 그림

창비

| 들어가며 |

임금의 수레를 막아선 사마귀

2010년 12월 7일 저녁, 열세 살 아름이는 엄마와 함께 이화여대 교육문화관에 있었다. 엄마가 존경하는 선생님을 추모하는 모임이 그곳에서 열릴 예정이었다. 문화관에는 검은 옷을 입은 어른들이 주로 있었지만 아름이처럼 엄마나 아빠를 따라온 친구들도 보였다. 단상 위에는 '고(故) 리영희 선생 시민 추모의 밤, 우리 시대의 스승 리영희'라고 쓴 플래카드가 펼쳐져 있었다.

행사가 시작되고, 사회자가 나와 리영희 선생님의 삶을 간략하게 소개했다. 1929년에 태어나 사흘 전인 12월 5일에 돌아가셨다고 했다. 기자와 교수로 일했고, 책을 써서 많은 젊은이들에게 영향을 끼쳤다고 한다. 선생님 덕분에 깨달음을 얻은 젊은이들이 부당한 권력에 맞서 싸운 덕분에 우리나라가 민주화되었다고도 했다. 그래서 사람들은 선생님을 '우리 시대의 스승'이라고 부른다고 설명했다.

이어 합창단과 초대 가수들의 노래가 이어졌다. 그리고 노래 사이사이, 어른들이 차례로 나와 리영희 선생님에 대해 이야기했다. 어떤 어른은 리 선생님이 오로지 진실만을 추구한 기자였다고 말했다. 또 다른 어른은 선생님 수레 앞을 막아선 사마귀처럼 민주주의를 지키기 위해 목숨을 내걸고 싸운 분이라고 했다. 그 때문에 네 번이나 직장에서 쫓겨나고 다섯 번이나 감옥에 갔지만, 결코 물러서지 않았단다.

이런 이야기를 들으며 엄마는 자주 손수건으로 눈물을 훔쳤다. 엄마뿐만이 아니었다. 옆의 아저씨 눈에서도 눈물이 굴러떨어졌다.

'리영희 선생님이 어떤 사람이기에 이렇게 많은 어른들이 슬퍼하는 거지? 그리고 수레 앞을 막아선 사마귀는 또 뭘까? 집에 가서 엄마에게 물어봐야겠다.'

행사는 모두 다 함께 「임을 위한 행진곡」이라는 노래를 부르며 끝났다. 아름이는 집에 돌아오자마자 엄마에게 궁금했던 것을 차례로 묻기 시작했다.

"엄마, 우리나라에 '리'라는 성이 있어요? 나는 처음 봤는데……."

"그게 궁금했구나, 우리 아름이가. '리'라는 성이 있는 게 아니라 다른 사람은 '이'라고 쓰는 성을 선생님이 유독 '리'라고 쓰신 거야. 선생님이 그렇게 쓰신 데는 두 가지 이유가 있다고 하셨어. 하나는 어린 시절 불리던 그대로 쓰고 싶다는 거였단다. 선생님의 고향은 북한에 있는데, 그곳에선 단어의 첫머리에서 'ㄹ'을 발음하지 않는 두음 법칙을 안 따르고 '이'를 '리'로 썼다고 해. 또 하나는 사람마다 자기만의 독특한 개성이 있는데, '이'를 '리'로 쓰는 것도 그런 개성의 표현이라고 하셨지."

성을 특색 있게 표기한 것만 봐도 리영희 선생님은 남다른 인물인 것 같았다.

"엄마, 또 하나 질문이 있는데요. 사마귀가 수레의 앞길을 막았다는 게 무슨 말이에요?"

"아, 그것도 궁금했구나. 옛날 옛적에 어느 임금이 행차하는데, 조그만 사마귀 한 마리가 다리를 들고 서서 임금의 수레 앞을 가로막았대. 임금이 기가 막혀서 '저게 뭔데 감히 내 앞길을 가로막느냐?'라고 신하에게 물었어. 신하는 '사마귀라는 벌레인데 제힘은 생각지 않고 무조건 적에게 맞서는 놈입니다.'라고 답했지. 임금은 사마귀의 용기를 기특하게 생각해 수레를 돌려 다른 길로 갔다고 해. 물론 조그마한 사마귀가 임금의 수레를 막는 게 어떻게 가능하겠니? 이 이야기 속의 임금은 수레를 돌려 다른 길로 갔지만, 보통은 사마귀 따위는 무시하고 밀고 가겠지. 그렇지만 때로는 사마귀처럼 터무니없는 일을 하는 사람들의 힘이 모여 잘못된 세상을 바로잡을 수도 있는 거야."

"그런데 왜 리 선생님이 그 사마귀 같다고 한 거예요? 그리고 리 선생님은 감옥에는 왜 간 거예요? 엄마가 존경하는 훌륭한 분인데, 왜 그렇게 여러 번 감옥에 갔어요?"

아름이의 거듭된 질문을 듣고 엄마가 잠시 생각에 잠겼다.

"아름아, 그 이야기를 다 하려면 좀 긴데, 들어 보겠니? 그 선생님의 삶을 이야기하려면 우리나라 역사도 알아야 하거든."

"좋아요, 엄마! 리영희 선생님 이야기 들려주세요!"

| 차례 |

들어가며 임금의 수레를 막아선 사마귀 • 4

1부 식민지 변방의 소년
1. 독립군이 된 머슴과 외삼촌 • 14
2. 친구가 보내 준 옥수수 • 17
3. 해방된 나라는 두 조각 나고 • 21

2부 6·25 전쟁이라는 삶의 수련장
4. 통역 장교가 되어 • 30
5. 한국군의 민낯을 보다 • 32
6. 누구를 위한 전쟁인가 • 36
7. 한국인의 자존심 • 40

3부 진실을 추구한 기자

8. 세계의 변화와 함께하며 • 48

9. 미국의 인종 차별을 목격하고 • 52

10. 『워싱턴 포스트』의 한국 통신원 • 54

11. 4·19 혁명 현장에 뛰어들다 • 56

12. 박정희 정권의 눈엣가시로 • 65

13. 공부로 만들어 낸 특종 • 69

14. 기사를 쓰고 감옥으로 • 72

15. 올바른 이름이 진실의 시작 • 76

16. 조선일보에서 쫓겨나다 • 78

4부 글로써 사람을 깨우다

17. 루쉰을 스승 삼아 • 84
18. 10월 유신과 맞닥뜨리다 • 88
19. 어둠을 밝힌 『전환시대의 논리』 • 91
20. 민주화 운동 한복판에서 만난 벗들 • 97
21. 두 번째 감옥행 • 100
22. 사상 재판 • 105
23. 반공법을 고발한 상고 이유서 • 109
24. 죽음으로 끝난 박정희 독재 • 111
25. 다시 지하 바위 굴에 갇히고 • 116
26. 학생들을 일깨우다 • 119

5부 한반도 평화를 위하여

27. 핵전쟁의 위험 앞에 놓인 한반도 • 124
28. 일본 교과서 문제가 중요한 까닭 • 126
29. 민주주의를 되찾은 6월 항쟁 • 130
30. 민주화의 열매 한겨레신문 • 132
31. 북한 취재 계획으로 또 감옥에 • 138
32. 핵무기 없는 한반도를 위하여 • 141
33. 50년 만에 찾은 북한 땅 • 143
34. 북한에서 북한을 비판하고 • 148
35. 최후까지 행동한 지식인 • 150

나가며 자유인으로 책임을 다한 삶 • 154

부록 사진으로 보는 리영희의 삶과 한국 현대사 • 158

시리즈 소개 • 168

1부
식민지 변방의 소년

1. 독립군이 된 머슴과 외삼촌

리영희는 한반도의 가장 북쪽 끝인 평안북도 운산이라는 곳에서 1929년에 태어났다. 전라남도 광주의 학생 2천여 명이 일본의 식민지 지배에 반대한 '광주 학생 항일 운동'이 일어난 바로 그해였다.

운산이 경성(지금의 서울)에서 워낙 멀리 떨어진 곳이라 문화 수준도 뒤떨어졌을 거라고 짐작하기 쉽지만, 전혀 그렇지 않았다. 당시 일본이 금광 개발에 열을 올리고 있던 터라, 우리나라에서 금이 가장 많이 나는 고장이었던 운산은 오히려 다른 지역보다 발전된 점도 많았다. 예를 들어 서울 이남 지역에는 1960년대에 들어서야 집마다 전기가 들어왔지만, 운산에는 리영희가 어렸을 때 이미 집마다 전기가 들어왔고 전화기가 있는 집도 꽤 많았다.

숲과 나무를 돌보는 관리였던 아버지의 집안은 특별히 가난하지도 넉넉하지도 않은, 평범한 집안이었다. 반면에 어머니의 집안은 운산에서 알아주는 부자였다. 외할아버지가 먹지도 입지도 않고 구두쇠처럼 돈을 모은 덕에, 외가댁 땅을 밟지 않고는 그 마을을 지날 수 없다는 이야기가 나올 정도였다.

그런데 리영희가 태어나기 몇 해 전에 외가 집안이 크게 기울었다. 어머니는 두 명의 인물 때문에 집안이 망했다며, 둘을 평생 미워하였다. 그 두 사람은 문학빈이라는 하인과 리영희의 외삼촌이었다.

문학빈은 어머니를 업어 키우다시피 한 외가의 충직한 하인이었는데, 3·1 운동 직후 몰래 집을 나가 독립군이 됐다. 독립군이 일본군과 싸우려면 군인들이 먹을 식량과 무기를 살 돈이 필요했다. 문학빈은 이 돈을 구하기 위해 두 차례 외가를 찾아왔다. 그때마다 외할아버지는 얼마간의 돈을 집어 주었다. 사건은 문학빈과 독립군이 세 번째로 와서 또 돈을 달라고 했을 때 벌어졌다.

"이놈아, 두 번이나 돈을 줬으면 됐지. 어떻게 번 돈인데 이렇게 자꾸 달라는 거냐. 이번에는 절대 안 된다."

할아버지가 완강히 거부하자 문학빈은 총을 겨누며 말했다.

"나라를 되찾기 위한 싸움에 쓸 돈을 달라는데, 그게 그렇게 아깝

소? 영감님이 이렇게 부자가 된 데는 내가 열심히 일해 준 덕도 있지 않소? 어서 돈을 내놓으시오."

"무슨 소리냐? 이제는 한 푼도 더 줄 수 없다."

두 사람이 실랑이하는 사이 동이 트기 시작했다. 돈도 못 구하고 일본군에게 잡히겠다고 생각한 문학빈 일행은 결국 외할아버지에게 총을 쏘고 달아났다. 가슴에 총을 맞은 할아버지는 그 자리에서 목숨을 잃었다.

외할아버지가 세상을 떠난 후 일본에서 유학 중이던 외삼촌이 돌아왔다. 일본에서 서양식 교육을 받은 외삼촌은 돌아오자마자 외가의 논밭을 빌려 농사짓던 이들의 소작료(다른 사람의 땅을 빌려 농사지은 대가로 치르는 값)를 크게 낮춰 주고, 땅을 사려는 소작인들에겐 헐값에 땅을 팔았다. 땅은 실제로 농사를 짓는 사람들이 가져야 한다고 생각했기 때문이었다.

어머니는 집안의 재산을 거덜 낸 문학빈과 외삼촌을 원수처럼 여겼지만, 리영희의 생각은 달랐다. 차마 어머니에게 말할 수는 없었지만, 마음속으로는 나라의 독립을 위해 싸운 문학빈과 어려운 이웃에게 자신의 것을 아낌없이 나눠 준 외삼촌이 훌륭하다고 생각했다. 그리고 자신의 이익보다 민족과 이웃을 먼저 생각한 그분들처럼 살고 싶었다.

2. 친구가 보내 준 옥수수

리영희는 아버지가 직장을 옮겨 간 삭주에서 초등학교를 다녔다. 그는 태어난 운산보다 친구들과의 추억이 남아 있는 삭주를 진짜 고향으로 여겼다. 삭주의 집 앞에는 대령강이라는 큰 강이 흐르고 있었고, 뒤에는 야트막한 산이 있었다. 강에서 친구들이랑 수영하고 숲속을 돌아다니며 열매를 따 먹다 보면 하루해가 어떻게 가는지 모를 정도였다.

그렇지만 그 당시는 중국과 일본이 전쟁을 벌이던 때였다. 일본은 전쟁 준비를 위해 우리나라의 쌀과 광물을 빼앗아 갔고 나중에는 사람까지 전쟁터로 끌고 갔다. 학교도 전쟁 훈련터로 변해, 체육 시간은 수류탄 던지기, 모래주머니 메고 달리기 같은 활동으로 채워졌다. 리영희가 5학년이던 1940년에는 우리말 수업이 없어졌고, 이듬해부터 모든 수업이 아예 일본어로만 이뤄졌다. 심지어 이름마저 모두 일본식으로 바꿔야만 했다. 그도 초등학교 6학년 때부터 '리영희'가 아니라 '히레야 히데야스'라는 이름으로 불리게 됐다.

어지러운 시기였지만 리영희는 다행히도 무사히 초등학교를 졸업했다. 아버지는 어려운 시절을 살아가려면 기술을 배워야 한다며 경성의 공업 학교에 갈 것을 권했다. 당시 경성공업학교는 들어가기가 아주 어려운 명문 학교였다. 주로 일본 학생들이 다니는 학교라 조선 사람이 들어가려면 10 대 1이 넘는 경쟁을 통과해야 했다. 하지만 리영희는 당당히 합격했다. 온 마을 사람들도 자기 일처럼 기뻐했다.

"마을에 경사가 났네, 경사가 났어!"

1942년 봄, 리영희는 마음의 고향 삭주를 떠나 본격적인 경성 유학 생활을 시작했다. 처음으로 가족과 헤어져 혼자 생활하게 된 그는 책상 위에 마음을 다잡는 글을 한문으로 써서 붙였다.

> 어려서 뜻을 품고 고향을 떠나왔으니
> 학문을 이루지 않고는 결코 돌아가지 않으리라
> 뼈를 묻을 곳이 어찌 선조의 무덤뿐이리오
> 뜻있는 이에게는 세상 어디나 청산(靑山, 푸르른 산)이다

이렇게 단단히 마음먹었지만, 경성에서 사는 일은 쉽지 않았다. 공부 때문이 아니라 먹는 게 무엇보다 큰 문제였다. 일본이 미국 등을 상대로 벌인 태평양 전쟁에서 패배할 기운이 짙어지자, 식민지인 조선 땅의 식량도 바닥나기 시작했다. 하루에 밥 한 그릇도 제대로 먹지 못하는 날이 수두룩했다.

그러던 어느 날 리영희 앞으로 소포 하나가 배달됐다. 초등학교 때 반장이었던, 이장억이란 친구가 보낸 소포였다. 리영희보다 두어 살 나이가 많았던 장억이는 남의 땅을 빌려 농사짓는 가난한 집 아들이

었지만 상냥하고 따뜻한 성격 때문에 반 아이들이 모두 좋아했다. 그래서 공부는 리영희가 항상 1등을 해도, 반장은 늘 장억이의 차지였다. 리영희는 소포를 보니 장억이를 다시 만난 것처럼 반가웠다.

소포를 들고 교실로 들어오자 친구들이 빙 둘러서며 어서 풀어 보라고 재촉했다. 꾸러미를 푸니 삶은 옥수수 여섯 자루와 편지 한 장이 나왔다. 그런데 옥수수가 반쯤 썩어 있는 게 아닌가! 머나먼 삭주 산골에서 경성까지 오는 데 여러 날이 걸린 탓이었다. 그는 썩은 옥수수를 받은 게 부끄러워 얼른 옥수수와 편지를 가방에 집어넣어 버렸다.

집으로 온 뒤에야 리영희는 장억이가 보낸 편지를 꺼내 읽었다.

> 영희, 여러 해 동안 편지 한 장 못 보내서 미안하다. 용서해다우. 네가 경성으로 유학 간 후 나는 아버지를 도와 농사를 지으며 살고 있다. (…) 최근에 소식을 들으니 경성에서는 사람들이 밥을 못 먹고 죽으로 끼니를 때운다고 하더구나. 나야 어차피 가난한 소작 농사꾼이라 못살기야 마찬가지지만 그래도 조밥이건 감자건 강냉이(옥수수)건 굶지는 않는다. 경성의 식량 사정 이야기를 들으면서 네 생각이 나더구나. 얼마나 고생하고 있을까 생각하니 마음이 아파져서 견딜 수가 없더라. 네가 학교 점심시간에 내가 가져간 강냉이를 좋아해서 너의 쌀밥을 내게 주고 강냉이와 바꿔 먹던 생각이 나길래, 막 물이 오른 강냉이를 몇 개 따서 삶아 보낸다. 옛날을 생각하면서 먹어 주면 나의 마음도 한결 가벼워지겠다.

  편지를 읽고 나자 썩은 옥수수를 받고 잠시나마 못난 마음이 들었던 자신이 오히려 부끄러워졌다. 얼른 옥수수를 다시 꺼내 썩은 부분을 잘라 내고 성한 부분을 먹었다.
  '세상에 이보다 더 맛있는 옥수수가 어디 있을까!'
  공업 학교 4학년에 진급한 1945년에는 '전시 학도 동원령'이란 게 내려졌다. 학생들도 전쟁과 관련한 일을 하라는 명령이었다. 학교 수업은 중단되고, 학생들은 모두 비행장을 만들거나 대포알을 깎는 일처럼 전쟁에 필요한 노동을 해야 했다. 전기과에 다녔던 리영희도 전기 회사에 다니는 최 반장이란 사람을 따라다니며 일했다.

최 반장은 조선인이었는데, 일이 끝나면 조선인 학생들에게 다가와 전쟁 상황을 슬그머니 전해 주고는 했다. 어느 날 점심시간, 최 반장이 속삭이듯이 말했다.

"일본군이 이기고 있다는 보도는 모두 거짓말이야. 일본은 얼마 못 가 항복할 거야."

너무나 놀라운 말이라 믿기 어려웠지만, 그 말을 듣고 나니 공부도 못 하고 의미 없는 일만 죽도록 해야 하는 생활이 너무나 싫어졌다. 그래서 집에 편지를 보내 고향에 돌아갈 수 있도록 학교에 전보를 쳐 달라고 부탁했다. 결국 리영희는 '어머니 위독'이란 가짜 전보를 받고 학교의 허락을 얻어 고향으로 돌아갔다. 1945년 8월 7일, 미국이 일본 히로시마를 핵폭탄으로 공격한 바로 다음 날이었다.

3. 해방된 나라는 두 조각 나고

고향에 도착하고 겨우 일주일이 지난 8월 15일, 일본이 항복을 선언했다. 히로시마에 이어 나가사키까지 핵폭탄 공격을 받아 수십만 명이 죽거나 다친 상황 속에서 더는 버틸 도리가 없었던 거다.

해방 소식이 알려지자 마을 사람들은 모두 거리로 뛰쳐나와 만세를 부르며 기뻐했다. 리영희도 장롱 깊숙이 숨겨 뒀던 태극기를 꺼내 들고 목청이 터져라 만세를 불렀다.

그런데 상황이 이상하게 흘러갔다. 위도 38도가 되는 선을 중심으로 한반도 북쪽에는 소련군이, 그리고 남쪽에는 미군이 들어온 것이다. 하지만 누구도 그게 한민족이 두 나라로 분단되는 시작일 거라고는 생각하지 못했다.

리영희는 잠시 문을 닫았던 학교가 다시 열린다는 소식을 듣고 11월경 서울로 돌아왔다. 나라가 해방됐으니, 모두 신나게 새 나라를 건설하려고 애쓰고 있을 것으로 기대하면서 말이다. 하지만 서울의 모습은 딴판이었다. 학교 시설은 다 뜯겨 나가 엉망이었고 선생님도 몇 명 남아 있지 않았다. 애초에 학교 선생님들이 대부분 일본인이었던 터라, 일본이 패망하자 모두 제 나라로 돌아갔던 것이다.

남은 선생님들과 학생들이 힘을 모아 공부를 시작했지만, 수업이 제대로 되지를 않았다. 가난했던 학생들이 너나없이 공부보다 돈벌이에 정신을 팔았던 까닭이다. 리영희 역시 학비를 벌기 위해 인천에서 성냥과 담배를 사다가 구멍가게 같은 곳에 팔았다. 어떤 때는 성냥값이 갑자기 오른 줄도 모르고 예전처럼 싼값에 팔다가 장사 밑천을 다 날린 적도 있었다. 물건 값이 하루가 다르게 올랐고 거리에는 구걸하는 사람들이 넘쳐났다.

이렇게 나라가 혼란했던 것은 당시 지도자들이 나라의 장래를 두고 서로 다툰 것과도 관련이 있었다. 특히 '신탁 통치'를 찬성하는 쪽과 반대하는 쪽의 대립은 혼란을 크게 부추겼다.

제2차 세계 대전이 끝난 후 유엔(UN, 국제 연합)은 새로 독립한 식민지 지역이 스스로 일어설 힘을 기를 때까지, 다른 나라가 대신 다스리도록 하는 신탁 통치 제도를 만들었다. 우리나라는 반만년의 역사 중 겨우 36년간 일본의 식민 지배를 받았을 뿐이고 대한민국 임시 정부도 있었으니, 스스로 나라를 다스릴 능력이 충분했다. 하지만 제2차 세계 대전에서 승리한 미국과 영국, 소련 같은 나라는 그 사실을 제대로 알지 못했다. 특히 미국은 우리나라의 독립을 처음으로 약속한 카이로 선언 이래, 줄곧 우리나라에 신탁 통치가 필요하다고 주장했다.

1945년 12월 16일 소련(지금의 러시아)의 모스크바에서 열린 미국·영국·소련의 회담(모스크바 3상 회의)에서도 상황은 마찬가지였다. 이 회담에서 미국은 신탁 통치안을 내놓고, 소련은 우리나라 지도자들에게 임시 정부를 세우도록 하는 안을 제안했다. 영국의 중재로 두 안이 절충돼 우리나라는 스스로의 힘으로 임시 정부를 수립하되, 미국과 소련이 함께 만든 '미소 공동 위원회'가 우리 정부와 협의해 신탁 통치 방안을 정하도록 했다.

그런데 이를 두고 동아일보는 미국이 즉시 독립을 지지하고 소련은 신탁 통치를 주장했다고 거꾸로 보도했다. 동아일보가 왜 거꾸로 보도했는지는 정확히 확인되지 않았지만, 이 보도가 나가자마자 사람들 사이에 신탁 통치 반대 운동(이하 '반탁 운동')이 거세게 일기 시작했다.

5천 년 역사를 지닌 민족으로서 또다시 다른 나라의 지배를 받을 수 없다고 생각한 것이었다. 이 운동은 신탁 통치를 주장한 것으로 잘못 알려진 소련은 물론이고, 소련의 공산주의(사유 재산을 인정하지 않고 빈부 격차가 없는 세상을 추구하는 경제 체제)까지 반대하는 운동으로 번졌다.

반탁 운동을 가장 열심히 한 사람은 일제 강점기에 대한민국 임시 정부를 이끌고 독립운동을 했던 김구 선생이었다. 하지만 친일파들도 이 기회를 놓치지 않았다. 친일파들은 반탁 운동에 참여하면서 자신들이야말로 애국자라고 주장했다. 독립운동을 하였지만 김구 선생과 다른 길을 걸었던 이승만은 통일보다 공산주의를 막는 게 더 중요하다면서, 친일파들과 손잡고 남한만의 정부를 수립하는 방향으로 움직였다.

이제 겨우 고등학교를 마친 리영희로서는 복잡한 속사정을 제대로 알 수 없었다. 그저 김구 선생을 존경했던 까닭에 반탁 운동에 열심히 참여했다. 그러나 나중에 정확한 역사적 사실을 알게 된 후엔 크게 후회했다. 반탁 운동을 지지함으로써 결과적으로 이승만과 친일파가 권력을 잡고, 반쪽짜리 나라를 만드는 데 도움을 준 꼴이 돼 버렸다고 여겼기 때문이었다.

서울에서 반탁 운동이 한창이던 1946년, 리영희는 고등학교를 졸업했다. 대학에 진학해 공부를 계속하고 싶었지만 집에서는 학비를 줄 형편이 못 되었다. 장래를 고민하고 있던 차에, 우연히 해양대학교(지금의 한국해양대학교) 신입생 모집 공고를 보았다. 그는 나라에서 학비와 생활비를 다 대 준다는 내용에 이끌려 무턱대고 시험을 보아 합격했다.

리영희가 대학 3학년이 된 1948년에야 대한민국 정부가 세워졌다. 곧이어 북한에도 김일성이 이끄는 '조선민주주의인민공화국'이 만들어지면서 남북이 두 개의 나라로 완전히 갈라져 버렸다. "38선을 베고 쓰러질지언정 남한만의 단독 정부를 세우는 데는 협력하지 않겠다."라며 통일된 나라를 건설하기 위해 애써 온 김구 선생의 노력이 헛수고로 돌아간 것이다.

선원을 키우는 학교였던 해양대학에서는 3학년이 되면 직접 배를 타는 실습이 이뤄졌다. 10월의 어느 날, 리영희가 탄 실습선은 부산에서 소금을 싣고 인천으로 가고 있었다. 부산항을 떠나 배가 거제도쯤 왔을 때, 갑자기 배를 부산으로 되돌리라는 연락이 왔다. 부산으로 돌아가니 군인들이 잔뜩 올라탔다. 전라남도 여수와 순천에서 일부 군인들이 일으킨 반란을 진압하러 가는 이들이었다.

여수항에 진압군을 태운 배가 들어서기가 무섭게 반란군이 공격을 시작했다. 리영희는 총알이 쏟아지는 갑판 위를 이리 뛰고 저리 뛰면서 진압군을 도왔다. 치열한 총격전 끝에 반란군이 도망가고, 진압군이 여수 시내로 들어갔다. 이튿날 리영희도 실습생 동료들과 함께 시내에 나가 봤다. 시내 여기저기 진압군을 환영하는 플래카드가 나붙었다. 자신도 반란 진압에 한몫한 것 같아 으쓱했다.

그러나 운동장에 줄지어 늘어선 시체들과 학교 담벼락에 붙어 울부짖는 사람들을 보고는 겁이 더럭 났다. 반란에 참여했다가 숨진 군인들과 그 가족들이었다.

'죽은 사람도 죽인 사람도 다 같은 우리나라 사람인데, 왜 서로 싸우고 죽여야만 했던 걸까?'

리영희의 가슴속에 처음으로 이런 의문이 들기 시작했다.

2부
6·25전쟁이라는 삶의 수련장

4. 통역 장교가 되어

　대학 졸업이 다가올수록 리영희는 점점 더 선원이 되고 싶지 않았다. 애초에 선원이 될 생각으로 해양대학을 선택한 게 아닌 데다, 공부를 하면 할수록 적성에 맞지 않는다는 생각만 들었다. 전공과목에 흥미를 못 느끼고 도서관에서 빌린 영어 소설 등에 빠져들다 보니, 성적도 중간 정도에 머물렀다. 이 정도로는 선원이 되고 싶어도 될 수 없는 상황이었다.
　삭주에서 내려와 충청북도 단양에 정착한 부모님은 아들이 졸업하면 모든 고생이 끝날 것이라 기대하고 있었다. 취직 걱정에 잠 못 이루는 밤이 계속되던 어느 날, 리영희는 동급생의 아버지가 안동중학교 교장 선생님으로 있다는 걸 떠올렸다.

'그분께 부탁드리면 학교 선생님 자리를 구할 수 있을지도 몰라.'

리영희는 곧장 편지를 보냈다. 얼마 지나지 않아, 교장 선생님한테서 영어 과목을 맡아 달라는 답이 왔다. 운이 좋게 졸업하자마자 안동중학교 영어 선생이 된 것이었다. 교장 선생님이 교사들에게 제공되는 주택까지 내준 덕에, 단양에 살던 부모님까지 모실 수 있게 됐다. 이북에서 내려와 남의 땅을 일구면서 설움받고 살던 부모님은 무척이나 기뻐했다. 서울에서 고생하며 공부하는 동생만 졸업하면 안동에서 온 식구가 함께 살 수 있게 될 터였다.

그러나 행복한 시간은 너무나 짧았다. 그로부터 겨우 세 달 만에 6·25 전쟁이 일어난 것이다. 이승만은 북한과 전쟁이 나면 우리 국군이 한나절 만에 북한을 다 점령할 거라고 큰소리쳤지만, 결과는 그 반대였다. 북한군은 사흘 만에 서울을 점령하고 물밀듯이 남쪽으로 계속 내려왔다. 한 달도 채 되지 않아 대전과 전주가 점령됐다. 안동에서도 멀리 대포 소리가 들려오자, 리영희는 부모님과 함께 무작정 남쪽으로 피란을 떠났다.

그는 대구 근처에 부모님을 피신시킨 후 곧바로 군대에 들어갔다. 통역 장교를 뽑는다기에 알아보러 갔다가 그 자리에서 바로 장교 후보가 되어 버린 것이다. 미군을 비롯한 유엔군이 전쟁에 참가하면서 미군과 한국군 사이에 통역을 해 줄 사람이 급했던 탓이었다.

5. 한국군의 민낯을 보다

6·25 전쟁은 리영희의 삶에 큰 영향을 끼쳤다. 한국군에 배치된 미국 고문관(도움이 될 의견을 주는 군인)과 한국군 사이에서 통역을 하다 보니 한국군의 실상을 누구보다 더 정확하게 알게 됐다. 또 그가 만난 미국 고문관을 통해 미국이라는 나라도 알게 됐다. 6·25 전쟁에서 미군이 맡은 역할을 보며 나라와 나라 사이의 관계에 대해서도 눈을 뜨게 되었다.

그가 처음으로 우리 국군의 문제점을 생생하게 목격한 것은 '국민 방위군 사건' 때였다. 전쟁이 이어지는 내내 북한군에 밀리고 있던 국군은 유엔군이 참전한 후 북쪽 압록강 인근까지 치고 올라갔다. 북한처럼 공산 국가였던 중국은 유엔군이 이참에 중국 땅까지 밀고 들어올지 모른다고 걱정했다. 중국은 미국에 맞서 북한을 돕는다는 명분을 내세우며, 엄청난 수의 군인을 북한에 파견했다. 물밀듯이 밀려오는 중국군 앞에서 유엔군과 한국군은 후퇴하지 않을 수 없었다.

다시 밀리는 상황을 뒤집기 위해 이승만 정부는 열일곱 살부터 마흔 살까지의 남성을 국민 방위군으로 소집했다. 50만 명에 가까운 사람들이 전쟁터로 불려 나왔다. 하지만 정부는 그들에게 줄 무기는커녕 식량과 군복조차 마련하지 못한 상태였다. 더군다나 국민 방위군의 지휘관으로 임명된 사람들은 하나같이 썩어 빠진 자들이었다. 그들은 방위군들에게 가야 할 군복과 식량을 빼돌려 자신들의 배를 불리고, 일부는 정치인들에게 뇌물로 바쳤다.

　그 때문에 추운 겨울에 갑자기 끌려 나온 방위군의 대부분은 무기는커녕 군복조차 제대로 갖추지 못했다. 심지어 속옷도 받지 못한 사람이 수두룩했다. 이 상태로 중국군에 맞서기란 애초에 불가능한 일이었다. 방위군은 제대로 싸워 보지도 못하고 남쪽으로 후퇴했다. 눈보라를 헤치며 내려오다 얼어 죽고 굶어 죽은 방위군 병사의 수가 9만 명에 이르렀다.

당시 리영희는 경상남도 진주에서 근무하고 있었다. 1951년 1월 하순 무렵, 진주에도 국민 방위군이 몰려왔다. 1만 명이 넘는 사람들이 학교 교실과 운동장을 가득 채웠다. 리영희는 사람이 그렇게 끔찍한 모습이 될 수 있다는 것에 놀라고 말았다. 누더기에 다 떨어진 신발을 신은 그들의 얼굴은 하나같이 해골 같았다.

'어떻게 인간을, 포로도 아닌 동포를 이렇게 학대할 수 있단 말인가!'

그는 분노에 몸을 떨며 한 사람의 목숨이라도 더 건지기 위해 이리 뛰고 저리 뛰었다. 찬 바람이 들이닥치는 창문을 막을 가마니와 판자, 그리고 환자를 치료할 약품이 있는 곳이면 어디라도 달려갔다. 그렇게 뛰어다니는 동안 리영희의 머릿속에는 나라가 무엇인지, 그리고 그 나라를 이끄는 지도자들이란 또 무엇인가 하는 질문이 맴돌았다.

이 사건으로 부패한 방위군 사령관은 사형을 당했다. 그렇지만 사령관에게 뇌물을 받은 정치인들은 아무도 책임을 지지 않았다.

국민 방위군 사건 못지않게 리영희에게 충격을 준 사건은 '거창 민간인 학살 사건'이었다. 국군이 죄도 없는 민간인들을 무참하게 살해한 것이었다.

중국군에게 밀리다가 다시 북으로 치고 올라가기 시작한 국군에게는 빨치산 공격이 큰 골칫거리였다. 빨치산이란 적의 뒤편에서 기습 작전 등을 벌이는 비정규군을 말하는데, 우리나라에서는 6·25 전쟁 무렵 산으로 들어가 무장 투쟁을 벌인 공산주의자를 그렇게 불렀다.

지리산은 빨치산의 가장 큰 본거지였다.

국군은 남아 있는 빨치산을 완전히 없애 버리기 위한 작전에 들어갔다. 군부대가 지리산 자락의 거창군 신원면을 점령한 것은 1951년 2월 초였다. 대대장은 마을 주민을 학교 운동장에 모이게 한 후 부대원들에게 명령해 모두를 총살했다. 대대장은 마을 주민들이 모두 빨치산이거나 그들을 돕는 사람이라고 했지만, 실제 현장에서는 그런 사실을 확인하는 절차가 전혀 없었다.

작전에 참여했던 군인들조차 이해하기 어려웠던지, 군인 한 명이 이 사실을 거창군의 국회의원에게 알렸다. 국회가 진상 조사단을 꾸리고 확인에 나섰지만, 조사는 제대로 이뤄지지 못했다. 제 발이 저렸던 국군이 빨치산인 척 꾸미고 조사단을 공격하는 통에 현장에 다가갈 수조차 없었기 때문이다. 그러나 외국인 기자들의 보도로 이 사건은 세계적인 문제가 됐다. 결국 정부가 조사에 나섰다. 하지만 조사 결과는 온통 거짓투성이였다. 자신들의 가족이 빨치산을 도왔다는 누명을 쓴 유족들은 분노했지만, 이승만 정권 아래에서 그들이 할 수 있는 일은 없었다.

이렇게 꽁꽁 묶여 있던 진실이 밝혀진 것은 사건이 발생한 때로부터 30년도 더 지난 1982년이었다. 『마당』이라는 잡지가 유족들을 일일이 만나 살해된 사람들이 빨치산과 아무 관련이 없음을 밝혀낸 것이다. 잡지는 숨진 사람도 무려 719명이나 되고, 그 절반인 359명은 열네 살 이하의 어린이였다는 사실도 밝혀냈다. 나머지 희생자도 대부분 여성이나 노인이었다는 게 잡지의 조사 결과였다.

훗날 이 기사를 통해 진실을 알게 된 리영희는 크게 탄식했다.

"자유 민주주의를 지키기 위해 싸운다고 했던 국군이 어떻게 죄 없는 국민에게 총부리를 겨눈단 말인가!"

그리고 반공(공산주의에 반대함)이란 이름만 내걸면 인간의 생명을 멋대로 앗아 가도 괜찮다고 여기는 광신적인 반공주의를 깨뜨려야겠다고 다시 한번 다짐했다.

6. 누구를 위한 전쟁인가

1951년 가을이 깊어지자, 리영희가 속한 부대는 설악산으로 이동했다. 설악산 속 신흥사라는 절에 부대 본부를 차릴 예정이었다. 그가 부대장과 함께 절에 도착한 것은 저녁 무렵이었다. 해가 진 산속은 무척이나 쌀쌀했다. 리영희와 부대장은 차에서 내리자마자 먼저 도착한 병사들이 피워 놓은 모닥불가로 다가갔다. 다른 병사들을 비집고 불가로 다가간 그는 자신의 눈을 의심했다. 병사들이 땔감으로 태우고 있는 것이 부처님의 가르침을 써 둔 경판이 아닌가!

그는 부연대장에게로 한달음에 달려갔다.

"부연대장님, 부연대장님! 지금 저 병사들이 우리 문화재를 태우고 있습니다! 불을 끄라고 명령해 주십시오!"

부연대장은 바로 현장으로 달려가 명령을 내렸다.

"그 불 당장 꺼!"

병사들도 놀라 이리 뛰고 저리 뛰면서 불을 껐다. 그 덕에 잿더미로 사라질 뻔한 경판을 구해 낼 수 있었다. 그 경판은 17세기에 만들어진 『은중경』『법화경』『다라니경』이었다. 모두 한글과 한자 그리고 인도의 산스크리트어 등 세 개의 문자로 쓴 것인데, 이렇게 여러 언어로 쓴 경판은 우리나라는 물론 다른 나라에서도 찾기 힘든 것이었다.

그는 군인들이 이토록 귀중한 문화재를 어떻게 땔감으로 쓸 생각을 했을까 궁금했다. 신흥사는 38선 이북으로 당시 북한 땅이었던 만큼, 적의 재산은 함부로 없애도 된다고 여긴 것은 아닐까 생각하니 가슴이 답답했다. 비록 남북으로 나뉘어 싸우고 있더라도 선조들이 남겨 준 귀중한 유산은 함께 지켜야 한다는 걸 알지 못하는 그들이 안타까웠다.

하지만 그보다 더한 이들도 있었다. 1952년부터 남북이 팽팽히 맞서면서, 전투는 더 치열해졌다. 한 치의 땅이라도 더 차지하기 위해 병사들은 죽을힘을 다해 싸웠다. 그러나 부하들은 목숨을 걸고 싸우는데 아프다는 핑계를 대고 구덩이 안에 숨어서 도장만 파는 부대장도 있었다. 또 전쟁터에 와 총 한번 안 잡아 보고, 높은 사람의 도움을 받

아 며칠 만에 바로 서울로 돌아가는 장교도 있었다. 이런 일들을 겪으면서 리영희는 나라 사랑은 힘없는 사람만 하는 것인가 하는 의문을 품기 시작했다. 전쟁과 군대를 겪으면 겪을수록 이 나라는 근본부터 잘못됐다는 생각이 들었다.

얼마 후 그런 의심을 더욱 강하게 굳히는 사건이 일어났다. 바로 동생의 죽음이었다.

그해 추석 후 열흘쯤 지났을 때, 집에서 전보가 왔다.

'명희 위독, 급히 귀가 바람!'

리영희는 열 개의 글자를 본 순간 가슴이 철렁 내려앉았다. 부대에까지 전보를 칠 정도면 보통 아픈 게 아닐 거였다. 리영희는 간단한 약품을 구해 들고 집으로 달려갔다. 그러나 그가 도착했을 때 동생은 이미 저세상으로 간 뒤였다. 추석 전에 이미 숨졌지만, 그가 놀라지 않도록 위독하다고 전보를 쳤다는 것이었다.

동생을 잃은 슬픔은 이웃 친척들이 동생과 부모님에게 한 일을 듣고 분노로 바뀌었다. 어머니가 아들의 얼굴이라도 보려고 등불을 켤 석유를 얻으러 갔을 때, 이웃들은 간절한 부탁을 냉정하게 거절했다. 동생의 복통을 전염병이라고 생각한 그들은 부모님에게 소금까지 뿌리며 마을에서 나가라고 밀어냈다.

이 이야기를 들은 리영희의 눈에 피눈물이 고였다. 부모님에게 작별 인사를 드리고 다시 전쟁터로 돌아가는 그의 머릿속에는 그동안 왜 가족도 제대로 보살피지 못하고 목숨을 던져 가며 나라를 지키려 했을까 하는 질문이 떠나지 않았다.

7. 한국인의 자존심

1953년 7월 27일, 마침내 휴전이 이뤄졌다. 오랫동안 최전선에서 싸웠던 리영희는 부산에서 근무하게 됐다. 부산에서 맡은 일은 전쟁 중에 미군이 사용하던 재산을 넘겨받는 일이었다. 그런데 그 일을 처리하는 과정에서 터무니없는 주장을 하는 미군 쪽과 많은 갈등을 빚었다. 대표적인 예가 거제 포로 수용소였다. 미군은 넓은 논밭을 깔아뭉개고 포로용 숙소와 그들을 감시하던 미군용 숙소를 지었지만, 전쟁이 끝난 지금은 아무 쓸모도 없는 것이었다. 그러나 미군은 그 건물값은 물론이고 도로를 만들 때 든 비용까지 모두 군사 원조로 계산해 넣은 문서를 공식적으로 접수하라고 요구했다.

"그 건물이나 도

로는 이제 쓸 수 없는 것입니다. 오히려 막대한 돈을 들여 건물을 부수고 오염 물질을 없애야 할 판입니다. 그런데 어떻게 그걸 군사 원조로 접수하란 말입니까? 차라리 뜯어 가면 될 것 아닙니까?"

리영희가 반발하자 담당 미군 장교는 이렇게 답했다.

"그 건물을 쓰든지 말든지는 우리가 상관할 바 아니오. 중요한 건 미국이 큰돈을 들여 건물과 도로를 만들었고, 그걸 한국 정부에 주겠다는 겁니다. 게다가 이 전기 소켓은 1달러짜리인데, 30센트로 치지 않았소? 이 콘크리트 보도는 공짜나 다름없소. 그러니 당신은 그 사실을 확인하기만 하면 되는 거요."

"무슨 소리입니까? 우리에게 필요하고 쓸 수 있는 것을 줘야 원조지, 쓸 수도 없는 것을 주면서 원조를 받았다고 인정하라는 게 말이 됩니까? 저는 서명 못 합니다."

그가 서명을 거부하며 버티자, 미군 장교는 벌컥 화를 냈다.

"당신이 뭔데 접수하지 못한다는 겁니까? 이건 미국 정부와 한국 정부가 합의한 데 따른 겁니다. 당신은 잠자코 확인만 하면 되는 거요. 그러니 어서 서명해요!"

억울하기 짝이 없었지만, 두 나라 정부가 합의한 내용이라고 밀어붙이는 데는 당할

도리가 없었다. 그야말로 사마귀가 수레를 막겠다고 나서는 것과 다름없었다. 리영희에게는 하루하루가 한국과 미국의 관계가 얼마나 불평등한지 깨닫는 나날이었다.

그럴수록 그는 미군 앞에서 한국인의 자존심을 지키려고 노력했다. 그 당시 우리나라 장교들에게 지급된 예복(의식을 치르거나 특별히 예절을 차릴 때에 입는 옷)은 미국 육군의 장교 정복이었다. 6·25 전쟁이 끝나면서 남은 군복을 원조 물자로 한국군에 준 것이었다. 국군 장교들은 행사가 있거나 귀한 손님을 맞이할 때, 반드시 이 예복을 입고 나가야 했다.

리영희에게도 이 예복이 지급됐다. 하지만 그는 그것을 펼쳐 보지도 않고 구석에 처박아 둔 채 항상 작업복만 입었다. 유엔군 사령관이 부산에 오면 그가 사령관을 따라다니며 통역을 맡았다. 반드시 예복을 입어야 할 자리였지만, 그때도 그는 작업복 차림으로 나갔다. 한국 군인으로서 남의 나라 군복을 입는 건 부끄러운 일이라고 여겼기 때문이었다.

그 무렵, 해양대학 시절 하숙집 주인이 윤영자라는 여성을 리영희에게 소개했다. 윤영자는 제주도 출신으로 모자를 만들어 파는 사업가의 딸이었다. 이후 편지를 주고받으며 사랑을 키워 가던 두 사람은 1956년 11월 13일에 결혼했다.

하지만 신혼 생활의 즐거움과 달리 군대 생활은 여전히 리영희를 힘들게 했다. 그를 힘들게 한 건 미국과의 관계뿐만이 아니었다. 더 큰 고통은 군인들이 저지르는 부패 행위였다. 많은 장교가 병사들에게 돌아가야 할 식량이나 장비를 빼돌렸다. 리영희가 이를 문제 삼고 말리면, 그들은 오히려 혼자 고고한 척하지 말라고 큰소리를 쳤다.

이렇게 고통스러운 군대 생활에서 벗어나고자 그는 공부에 매달렸다. 외교관이 될 생각으로 프랑스어를 익히고 군사 분야와 국제 정치에 관한 책을 찾아 읽었다. 그러던 어느 날, 신문에 실린 광고 하나가 그의 눈을 사로잡았다.

외신 기자 모집

인원: 약간 명

시험 과목: 영어·시사·상식·논문

시험 일시: 7월 21일

원서 제출: 7월 20일까지

면접시험으로 최종 합격자를 확정 후 본인에게 통고함

—합동통신사—

그날은 1957년 7월 20일, 원서 제출 마감일이었다. 단 한 번도 기자를 꿈꿔 본 적이 없던 리영희였건만, 광고를 본 순간 어떤 생각이 번개처럼 머릿속을 스쳤다.

'지금이야말로 군대를 벗어날 기회다!'

리영희는 앞뒤 생각도 하지 않고 바로 부산진역으로 달려가 서울행 기차에 몸을 실었다. 부대에는 이틀간 쉰다고만 알렸다. 서울에서 필기시험을 치르고 돌아온 며칠 후 면접을 보러 오라는 통지서가 날아왔다. 면접만 통과하면 이 지긋지긋한 군대 생활도 끝이란 생각에 마음이 한껏 부풀어 올랐다.

면접 시간보다 조금 일찍 합동통신사에 도착하니, 이미 10여 명이 기다리고 있었다. 대기 장소에 앉아 있는 그에게 나이 지긋한 사람이 다가왔다.

"리영희 씨지요? 저는 이 회사 총무국장입니다. 혹시 집에 돌아가 옷을 갈아입고 오실 수 있으실지요? 사장님이 직접 면접을 보시는데 옷차림 때문에 불이익을 받을까 걱정이 돼서 드리는 말씀입니다."

그 말을 듣고 리영희는 주변을 살펴보았다. 과연 자신의 옷차림은 남달랐다. 다른 사람은 모두 양복에 넥타이를 매고 있는데, 자신만 군복 바지에 남방셔츠 차림이었다. 기차를 무료로 타기 위해 군복을 입고 왔다가 윗옷만 갈아입었던 것이다.

걱정해 주는 마음은 고마웠지만, 부산에서 올라온 그로서는 어쩔 수가 없었다.

"저는 군인인 데다 집이 부산입니다. 당장 어디 가서 옷을 갈아입을 형편이 못 됩니다."

"그러면 할 수 없지요. 면접 잘 보시기 바랍니다."

총무국장은 걱정스러운 얼굴로 자기 자리로 돌아갔다.

혹시라도 옷 때문에 면접에 떨어지는 건 아닐까 걱정했지만, 다행히 리영희는 최종 합격자 명단에 들었다. 모두 네 명이 뽑혔는데, 그가 4등이었다. 나중에 듣자 하니 마지막 순번으로나마 합격한 것은 면접에서 보여 준 탁월한 영어 실력 덕분이었다.

그해 8월 16일, 리영희는 육군 소령으로 군 생활을 마쳤다. 1950년 8월 통역 장교로 군인이 된 지 꼭 7년 만이었다. 7년의 군대 생활을 통해, 그는 우리 사회의 잘잘못을 냉정하게 살피는 비판적 지식인으로 성장했다. 무엇보다 수백만 명의 목숨을 앗아 가고 인간이 만들어 낸 문명을 하루아침에 잿더미로 만들어 버리는 전쟁에 반대하는 철저한 반전 평화주의자가 됐다. 또 전쟁 중에도 고통받는 국민은 아랑곳하지 않고 제 배만 불리려는, 썩어 빠진 이승만 정권과 그를 뒷받침하는 친일 반공 세력의 실체를 깨달았다. 미군의 지휘를 받는 한국군의 처지를 생생하게 체험함으로써, 한미 관계를 비롯한 국제 관계가 얼마나 불평등한지도 확인했다. 전쟁의 현장에서 얻은 이런 깨달음은 이후 그의 삶의 나침반이 될 터였다.

8. 세계의 변화와 함께하며

　1957년, 스물여덟 살의 리영희는 합동통신사에서 기자로서의 첫발을 내딛었다. 통신사는 기자들이 쓴 기사를 모아 신문사와 방송사로 보내는 곳이다. 신문사와 방송사는 자기 회사 기자들이 취재한 기사와 함께, 통신사에서 보내온 기사 중 필요한 것을 가려 뽑아 신문을 만들고 뉴스를 내보낸다. 그러니까 신문사와 방송사가 소비자에게 직접 뉴스를 파는 소매상이라면, 통신사는 그 소매상에게 뉴스를 파는 도매상이라고 할 수 있다.

　신입 기자인 그가 일하게 된 외신부는 나라 밖 소식을 전하는 곳이

었다. 1950년대 말은 전 세계에 큰 변화가 많이 일어난 시기였다. 우리나라처럼 식민 지배를 경험했던 아프리카나 아시아에서는 독립을 얻기 위한 싸움을 벌이고 있었다. 두 번이나 세계 대전을 경험한 유럽에서는 전쟁 없는 유럽을 만들자며 프랑스와 독일이 통합을 논의하기 시작했다. 이웃 중국에서는 뒤떨어진 경제를 단숨에 발전시키겠다며 '대약진 운동'이라는 걸 벌이고 있었다. 리영희에게 매일매일 이런 세계적인 변화를 전하는 일은 큰 기쁨이었다.

하지만 기사를 잘 쓰는 것은 또 다른 문제였다. 우리말 실력이 문제였다. 일제 강점기에 학교를 다녀 우리말 교육을 제대로 받지 못한 탓이었다. 부족한 우리말 실력을 메우기 위해 리영희는 매일 저녁 초등학교와 중학교 국어 교과서로 문법을 익히고 글쓰기 공부를 했다. 그렇게 6개월 정도 공부하고 나니 어느 정도 실력이 붙었다. 그 이후에는 세계에서 일어나는 일들을 깊이 알기 위해 열심히 공부했다.

이렇게 신명 나게 일하고 공부했지만, 집안 살림은 무척 어려웠다. 부산에서 살던 판잣집을 판 돈으로는 서울 변두리에 있는 셋방밖에 못 구했다. 통신사 월급은 부모님과 아내 등 네 식구가 먹고살기에도 부족해, 늘 번역 같은 부업을 해야 했다.

그렇게 가난해도 첫아들이 태어나니 집안에 따스한 기운이 돌았다. 무엇보다 이북에서 내려와 외롭게 살아온 부모님이 기뻐하셨다. 하지만 그 기쁨도 잠깐, 아기는 암에 걸려 1년 만에 세상을 떴다.

리영희는 아들을 잃은 슬픔에서 벗어나고 싶었다. 마침 풀브라이트 재단이란 곳에서 미국 연수생을 뽑고 있었다. 가난한 나라의 기자들을 초청해 6개월간 미국을 돌아보고 공부도 하게 해 주는 프로그램이었다. 보통은 기자를 오래 한 사람이 뽑혀 왔기에 리영희는 자신이 뽑힐 거라고는 기대도 안 했다. 그런데 기자 생활 2년을 겨우 마친 그가 여섯 명 가운데 한 명으로 뽑혔다. 다른 지원자들보다 나은 영어 실력 덕이었던 것 같았다.

그러나 마냥 기뻐할 수만은 없었다. 당장 자신이 멀리 떠나면 남아 있는 가족의 생계를 어떻게 책임져야 할지가 문제였다. 이 문제로 고민에 휩싸여 있던 중 더욱 큰 비극이 찾아왔다. 손주를 잃은 아픔을 이기지 못하고 아버지마저 돌아가신 것이다.

슬픔 속에 장례식을 치른 리영희는 아버지가 남긴 물건을 정리하다가 아버지의 일기장을 발견했다. 아버지의 일기를 한 장 두 장 읽어 가던 그의 눈에서 닭똥 같은 눈물이 뚝뚝 떨어졌다.

> 자식의 성미가 급하고 너그럽지 못하며, 말과 행동이 가파르고 곧아서 상대방의 말이나 생각을 모가 나게 받아들일 뿐만 아니라, 자기를 높이고 오만해서 세상 살아감에 실패가 많겠다.
>
> (…) 가르쳐도 행하지 않고 스스로 높이고 잘났다고 하니, 그런 성품을 고치기란 나로서는 불가능하도다. 깨달아 회심(반성)함이 전혀 없으

니 훈계하고 가르친들 소용이 없다. 그저 버려둘 수밖에 없구나.

일기장 곳곳에는 그의 모난 성격을 걱정하는 내용이 빼곡하게 적혀 있었다. 너그럽고 다정했던 아버지를 이토록 낙담하게 만든 자신이 부끄럽고 죄송했다.

9. 미국의 인종 차별을 목격하고

미국 연수 생활은 리영희에게 미국 사회에 대한 이해를 넓히는 소중한 기회였다. 특히 당시 미국 사회의 가장 큰 문제이자 오늘날까지도 해결되지 못한 인종 차별 문제를 직접 겪은 것은 의미 있는 경험이었다.

미국에는 백인과 흑인, 그리고 아시아인 등 여러 인종이 섞여 사는 까닭에 인종 간의 갈등이 심한 편이다. 특히 아프리카에서 끌려온 노예의 후손인 흑인은 미국 사회에서 가장 가난할 뿐만 아니라 차별도 많이 받고 있다. 지금은 인종 차별이 나쁘다는 것을 누구나 다 알지만, 1959년 당시 미국에는 흑인을 차별하는 법까지 있을 정도였다. 미국 남부 지방에서 흑인은 백인과 같은 버스를 탈 수도 없었고, 같은 식당에서 밥을 먹을 수도 없었다. 그래서 당시 흑인들은 마틴 루서 킹 목사를 중심으로 이런 악법을 없애기 위한 싸움을 벌이고 있었다.

리영희와 연수생들이 미국 남부에 있는 신문사로 실습하러 가는 길이었다. 연수생 중에는 아프리카에서 온 흑인들도 있었지만, 모두 함께 한 버스에 탔다. 설마 다른 나라 사람한테까지 흑인과 백인을 차별하는 법을 적용하리라고는 생각하지 않았기 때문이었다. 흑인 연수생들은 자신들이 미국인이 아님을 드러내기 위해 아프리카 전통 의상까지 차려입었다.

그런데 경찰 한 명이 버스를 세우더니 아프리카 출신 연수생들을 가리켰다.

"거기 검둥이들은 차에서 내리세요!"

"무슨 소리입니까? 이분들은 미국 정부의 초청을 받아 온 손님입니다."

모두 한목소리로 항의했지만, 경찰은 꿈쩍도 하지 않았다.

"미국 정부의 손님이든 아니든, 미국에선 미국의 법을 지켜야 합니다. 여기서 흑인은 백인과 같은 버스를 탈 수 없습니다."

아무리 항의해도 경찰은 흑인들에게 내리라는 말만 되풀이했다. 결국 그들이 내리고 나서야 버스는 출발할 수 있었다. 모두 분노했지만 어쩔 도리가 없었다. 미국이 민주주의와 인권을 존중한다고 주장해도, 그것은 백인이 아닌 사람에게는 상관없는 이야기였다. 킹 목사를 비롯한 많은 흑인의 투쟁 덕에 흑백분리법 등 인종차별법은 사라졌지만, 미국은 아직도 인종 차별 문제를 해결하지 못하고 있다. 지금도 때

때로 인종 차별에 항의하는 시위나 폭동이 벌어지고는 한다.

10. 『워싱턴 포스트』의 한국 통신원

이 시절 리영희에게 가장 보람 있었던 일은 미국의 유명한 신문인 『워싱턴 포스트』와 깊은 관계를 맺게 된 것이었다. 그는 미국에 가기 전에 『워싱턴 포스트』의 주필(신문사에서 편집 방향을 책임지는 사람)에게 한국의 정세에 관한 기사를 보냈다. 이승만 정권의 독재가 점점 더 심해지는 상황을 전하기 위해서였다. 한국의 풋내기 기자가 보낸 기사를 세계적으로 유명한 신문사 주필이 신경 써 주리라 생각한 건 아니었다. 그런데 주필로부터 기대하지 않은 답신이 날아왔다.

"보내 주신 기사 잘 받았습니다. 덕분에 한국 상황을 잘 알 수 있었습니다. 앞으로도 좋은 글을 써 보내 주시기를 바랍니다."

리영희는 미국에 간 김에 그 주필에게 감사의 인사도 할 겸 『워싱턴 포스트』를 방문했다. 그를 반갑게 맞이한 주필은 한국 정세에 대해 자세히 물은 뒤, 귀국한 뒤에도 계속 한국 소식을 보내 달라고 부탁했다. 리영희가 『워싱턴 포스트』 최초의 한국 통신원이 된 것이다.

당시 리영희는 우리나라가 민주화되려면 이승만 정권이 물러나야 한다고 굳게 믿었다. 그렇게 생각한 이유는 다음과 같다. 첫째, 이승만

은 통일보다 반공이 더 중요하다며 단독 정부를 수립해, 우리 민족을 갈라서게 했다. 둘째, 그 과정에서 친일파들과 손을 잡아, 일제 시대의 찌꺼기를 청산하지 못하게 만들었다. 셋째, 민족 지도자 김구의 암살과 연관이 있다. 넷째, 권력을 오랫동안 독차지하기 위해 민주주의를 짓밟아 왔다.

그래서 그는 이승만 정권의 잘못을 알리는 일이면 무엇이든지 하고 싶어 했다. 『워싱턴 포스트』의 통신원이 됐으니 이제 그 일을 좀 더 잘 할 수 있을 것 같았다. 우리나라에 큰 영향력을 갖는 미국의 정치인들이 많이 보는 『워싱턴 포스트』에 기사가 나면 곧바로 우리나라 정치에도 영향을 끼칠 수 있을 터였다.

11. 4·19 혁명 현장에 뛰어들다

리영희가 미국에서 돌아온 1960년은 대통령 선거가 열리는 해였다. 선거 직전 이승만에 맞섰던 대통령 후보가 갑자기 숨지는 바람에, 이승만은 또 한 번 대통령에 당선된 것이나 마찬가지였다.

문제는 부통령 선거였다. 지금과 달리 그때는 부통령 제도가 있어서, 국민들이 대통령과 부통령을 함께 뽑아야 했다. 부통령은 당시 여든다섯 살이었던 이승만 대통령의 건강에 문제가 생길 경우, 그를 대신하게 되는 중요한 자리였다. 이승만 정권은 자기네 편인 이기붕을 부통령으로 당선시키기 위해 별의별 짓을 다 했다. 유권자들에게 돈을 뿌려 표를 사는 매표 행위는 물론이고, 불법 사전 투표와 개표함 바꿔치기 같은 온갖 부정 선거가 이뤄진 것이다.

3월 15일 선거가 끝나고 이 사실을 알게 된 마산 시민들이 항의 시위에 나섰다. 4·19 혁명의 불을 붙인 그날 시위에서, 경찰의 총격으로 시민 12명이 숨지고 72명이 다쳤다. 다음 날 이승만과 이기붕이 대통령과 부통령에 당선됐다는 공식 발표가 나오자 마산 시민들은 더욱 분노했다. 전날보다 더 많은 시민이 참여해 더 격렬하게 시위를 벌였다.

'이 소식은 『워싱턴 포스트』에 꼭 알려야겠어!'

리영희는 마산 시위 소식을 비롯한 부정 선거 관련 기사를 『워싱턴 포스트』에 보내기 시작했다. 처음에는 우편으로 기사를 보냈는데, 위험하다는 생각이 들었다. 혹시라도 정부에서 내용을 알게 되면 가만히 있을 리가 없었다. 리영희는 공항으로 가서 미국으로 가는 사람들 가운데 믿을 만한 이들을 붙잡고 부탁했다.

"선생님, 이것은 제가 쓴 기사입니다. 이 글을 빨리 미국의 『워싱턴 포스트』에 보내야 하는데, 방법이 없어서요. 혹시 선생님께서 미국에 가지고 가서 보내 주실 수 있으실지요?"

갑작스러운 부탁이었는데도 모두가 기꺼이 승낙했다.

"예, 걱정하지 마세요. 제가 가지고 가서 꼭 부쳐 드리겠습니다."

사람들이 약속을 잘 지켜 준 덕에 리영희의 기사는 『워싱턴 포스트』에 차례로 실릴 수 있었고, 미국인들도 한국의 상황을 정확하게 알 수 있었다.

4월 6일, 마산에 이어 서울에서도 시위가 벌어졌다. 통신사 편집국에서 기사를 정리하던 그는 시위 상황이 궁금해서 견딜 수 없었다. 하던 일을 팽개치고 나가 보니 통신사 쪽으로 시위대가 행진해 오고 있었다. 잠시 후 시위대가 사거리에 들어서자, 기다리던 경찰이 시위대를 향해 곤봉을 마구 휘둘렀다. 아수라장이 된 시위 행렬 한가운데서 노인 한 명이 경찰의 곤봉을 피하느라 쩔쩔매고 있는 게 보였다. 리영희는 앞뒤 생각도 하지 않은 채 노인에게 달려갔다.

"어르신, 제 어깨를 잡으세요. 그리고 이쪽으로 오세요."

노인을 부축하고 겨우 몇 걸음 옮겼을 때, 갑자기 누군가가 그를 낚아채서 경찰차에 내동댕이쳤다. 그가 부축했던 노인도 넘어졌다. 나중에 알고 보니 그 노인은 전진한이라는 야당(대통령이 속하지 않은 정당) 국회의원이었다. 경찰은 리영희를 전 의원의 비서로 생각해 경찰서까지 끌고 갔다.

의자에 앉자마자 경찰관이 큰 소리로 말했다.

"당신, 전진한 의원의 비서지? 불법 시위에 참여했으니 맛 좀 봐야겠어!"

"난 전진한 의원의 비서가 아니고 합동통신 기자입니다."

"거짓말 마. 비서도 아닌데 왜 그 아수라장에 뛰어들어?"

"노인이 곤봉을 맞고 쩔쩔매기에 도와준 것뿐입니다. 제 말이 사실인지는 합동통신에 확인해 보시면 알 것 아닙니까?"

한참 실랑이하던 경찰이 합동통신사 편집국장에게 전화를 걸었다.

"여기 경찰서인데요. 리영희란 사람이 거기 기자라고 하는데, 맞습니까?"

"예, 우리 외신부 기자가 맞습니다. 그런데 리 기자가 거기에 왜 있나요?"

"아, 시위하는 전진한 의원을 돕기에 그분 비서인 줄 알았습니다."

"신분을 확인했으니, 빨리 돌려보내 주시기 바랍니다."

이렇게 편집국장이 확인해 준 뒤에야 리영희는 경찰서에서 풀려났다. 회사로 돌아온 그에게 편집국장은 꾸지람을 했다.

"리 기자, 쓸데없는 일에 나서지 말고 자기 할 일이나 제대로 해요."

다시 시위가 크게 번지기 시작한 것은 마산 앞바다에서 김주열이라는 고등학생의 주검이 떠오른 후였다. 눈에 최루탄이 박힌 어린 학생의 처참한 모습에 국민은 분노했다. 이제 시위는 걷잡을 수 없이 전국으로 번져 나갔다.

서울에서는 4월 18일 고려대 학생들이 시위를 벌였는데, 조직적인 깡패들이 학생들을 쇠 파이프로 공격해 수십 명이 다치는 일이 발생했다. 피투성이가 돼 길거리에 쓰러진 학생들의 모습에 시민들은 크게 분노했다. 19일 아침부터 거리로 쏟아져 나온 시민들은 한목소리로 외쳤다.

"1인 독재 끝장내자! 이승만은 물러나라!"

서울 시내를 행진하는 시위대에 군인들이 총을 쏘았다. 또다시 수많은 시민이 목숨을 잃거나 다쳤다.

시민들이 목숨을 건 저항에 나서자, 미국은 이대로 가다간 이승만 정권이 무너지고 한국에 대한 미국의 영향력도 줄어들게 될지 모른다고 걱정했다. 미국은 이승만에게 비밀스럽게 압력을 가하기 시작했다. 시위대에 총을 쏘지 말고, 잡혀간 학생들도 석방하라고 요구했다. 이승만은 미국의 압력에 굴복해 시위 학생 석방과 총격 금지를 명령했다. 그렇지만 이 사실이 제대로 보도되지 않은 탓에 시위는 계속됐고 그에 따라 다치는 사람도 계속 늘어만 갔다.

더 이상의 희생은 막아야 한다고 생각한 리영희는 미국 대사관의 그레고리 헨더슨 문정관(대사관에서 상대 나라의 문화와 정치를 살피는 외교관)을 찾아갔다.

"문정관님, 미군의 헬리콥터 한 대와 마이크 한 대만 빌려주세요!"

"그건 뭐에 쓰려고요?"

"제가 그 헬리콥터를 타고 서울 하늘을 돌며, 우리 정부가 학생들을 석방하고, 총격 금지를 명령했다는 사실을 알리려고요. 군인들에게 이제는 시위대에 총을 쏘아서는 안 된다는 점을 확실히 전해 시민들의 희생을 막고 싶습니다."

그러나 헨더슨은 요청을 받아들이지 않았다.

"리 기자의 뜻은 잘 알겠지만, 도와드릴 수 없습니다. 미군 헬리콥터를 빌려주면 미국이 한국 국내 문제에 간섭했다는 비판을 받을 수 있거든요."

대사관에서 빈손으로 돌아오고 며칠이 지난 25일 밤이었다. 그가 야근하고 있는 편집국 안으로 '독재 타도'라는 외침이 끊임없이 들려왔다. 궁금한 마음에 창밖을 내다보니 통신사 앞에 수많은 사람이 모여 시위를 벌이고 있었다. 맞은편에는 총칼로 무장한 군인들이 시위대를 덮칠 기세로 서 있었다. 리영희는 창가에 서서 이 모습을 보고 있자니 더럭 겁이 났다. 전날만 해도 경찰이 쏜 총 때문에 두 명이 목숨을 잃은 상황이었다.

'이렇게 커다란 시위대에 군인들이 총을 쏜다면 얼마나 희생자가 많이 나올까!'

미처 생각을 마치기도 전에, 리영희는 편집국에 있던 메가폰과 의자 두 개를 들고 뛰어나갔다. 군과 시위대 사이로 비집고 들어간 뒤 의자 두 개를 포개 놓았다. 리영희는 그 위에 올라가 마이크를 들고 외치기 시작했다.

"여러분, 이승만 정권은 이미 쓰러졌습니다. 구속된 학생들도 모두 석방됐습니다. 여러분이 승리했습니다. 그러니 계엄군을 자극하지 마

십시오! 우리 시민이 더는 피를 흘려선 안 됩니다!"

그의 말이 채 끝나기도 전에 시위대 속에서 성난 목소리가 들려왔다.

"저놈은 뭐냐?"

"저놈 잡아 죽여라!"

흥분한 시위대가 앞으로 밀고 오기 시작했다. 포개 놓은 의자가 허물어지면서 리영희가 굴러떨어졌다. 소동에 놀란 계엄군이 한 발짝 뒤로 물러나자 시위대도 그 자리에 멈춰 섰다. 그는 그 틈에 일어나 사무실로 돌아왔다. 자신의 진심이 전해지지 않은 것이 속상해 눈물이 났다. 그러나 다행히 그날 그곳에서 군과 시위대 사이의 충돌은 없었다.

다음 날 아침, 10만 명도 넘게 불어난 시위대가 광화문 광장으로 진출했다. 이승만은 버티지 못하고 "국민이 원한다면 물러나겠다."라고 발표했다. 12년에 걸친 이승만 독재가 드디어 끝이 난 것이다. 김주열 학생을 비롯한 시민 185명이 죽고 6천여 명이 다치는 희생을 치르고 얻은 승리였다.

리영희는 이 기쁜 소식을 미국에서 함께 공부했던 터키의 친구에게 써 보냈다. 터키 신문의 주필이었던 그 친구는 리영희의 글을 번역해 기사로 실었고, 목숨을 건 투쟁으로 민주주의를 지켜 낸 4·19 혁명 소식이 전해졌다. 얼마 후 우리처럼 독재에 시달리던 터키 국민도 떨쳐 일어나 독재자를 몰아냈다. 터키 친구는 한국의 4·19 혁명이 터키의 민주 혁명에 영감을 주었다며, 리영희에게 감사의 마음을 담은 편지를 보내왔다. 이처럼 4·19 혁명은 터키를 비롯한 세계 많은 나라의 민주화 운동에 큰 영향을 끼쳤다.

12. 박정희 정권의 눈엣가시로

하지만 4·19 혁명이 가져온 민주주의는 겨우 1년밖에 버티지 못했다. 1961년 5월 16일, 당시 육군 소장이었던 박정희가 무력으로 정권을 빼앗는 군사 쿠데타를 일으켜 권력을 장악해 버린 것이다.

리영희는 5월 16일 아침에 출근할 때까지 쿠데타 소식을 알지 못했다. 거리 곳곳에서 탱크와 군인을 보고서야 뭔가 잘못되었음을 느꼈다. 뛰다시피 사무실에 들어가니 먼저 출근한 동료가 밤사이에 쿠데타가 일어났다고 알려 줬다. 좌절감과 분노가 몰려왔다. 수많은 이들이 피 흘려 이뤄 낸 민주 정부가 채 1년도 안 돼 무너지다니!

민주 정부가 무너진 일차적 원인은 민주당 정부의 무능이었다. 4·19 혁명 이후 국민들은 큰 변화를 기대했지만, 민주당 정부는 이를 제대로 실현하지 못했다. 나라를 좀먹는 부패도 없애지 못했고 경제 상황도 개선하지 못했다.

언론의 책임도 컸다. 다양한 국민이 한꺼번에 쏟아 내는 요구를 짧은 시간 안에 이루는 것은 어려운 일일 수밖에 없다. 국민이 변화를 기다려 줄 수 있도록 이끄는 것도 언론의 책임인데, 당시 신문과 방송은 오히려 국민의 불만을 부채질했다. 민주당 정부가 잘하는 것은 전혀 보도하지 않고 잘못하는 것만 부풀려 보도함으로써 국민이 정부를 믿지 못하게 만들었다. 4·19 혁명과 5·16 쿠데타를 겪으며, 리영희는 진실에 바탕을 두고 여론을 이끌어야 할 언론의 책임을 마음속 깊이 새기게 되었다.

1961년 가을, 박정희는 미국을 방문했다. 쿠데타에 대한 미국의 지지를 얻고 경제 개발에 필요한 자금을 구하기 위해서였다. 군사 정권은 부패하지 않은 깨끗한 기자가 박정희와 동행하며 취재해 주기를 원한다고 밝혔다. 합동통신사는 취재 기자로 리영희를 선정했다. 통신사 안에서 그만큼 깨끗한 기자로 평가받았던 것이다.

그런데 이 취재로 인해 그는 박정희 정권의 미움을 받기 시작했다. 워싱턴에서 열린 박정희와 케네디 미국 대통령의 정상 회담 결과 보도 때문이었다. 회담이 끝난 뒤 한국 쪽은 케네디가 한국의 경제 개발 계획을 적극적으로 돕기로 했다고 발표했다. 리영희는 그대로 기사를 써 보낸 뒤 추가 취재에 들어갔다. 다른 기자들이 모르는 새로운 내용의 기사를 쓰고 싶어서였다.

그는 앞서 인연을 맺었던 『워싱턴 포스트』 주필에게 부탁해, 회담을 이끌었던 미국 관리를 소개받았다. 그런데 그 관리의 말은 한국 쪽 발표와 사뭇 달랐다. 미국은 경제 개발에 필요한 자금을 지원할 수 없으니, 한국더러 일본에서 그 돈을 구해 보라고 했다는 것이다. 해방 후 그때까지 우리나라와 일본 사이에는 외교 관계가 없는 상태였다.

리영희는 서둘러 이 내용을 기사로 써 보냈다. 정부의 발표를 정면으로 뒤집는 기사를 받아 든 통신사에선 비상이 걸렸다. 리영희의 기사를 내보냈다가는 박정희 정권의 보복을 받을 수도 있었다. 긴급 간부 회의가 열렸다.

"리 기자가 보낸 기사를 어떻게 처리하는 게 좋을지 의견을 듣고자 합니다. 우선 기사의 내용은 확실한 건가요?"

사장이 편집국장에게 물었다.

"리 기자가 미국 쪽 회담 실무자한테 직접 단독 취재한 내용이니 진실이라고 생각합니다."

"아무리 진실이라도 정부 발표를 완전히 뒤집는 내용인데, 정부가 보복하지 않을까요? 그동안 군사 정권은 자신들에게 조금이라도 불리한 내용을 보도하면 가만히 있지 않았는데요."

광고를 담당하는 간부가 걱정했다.

진실을 보도해야 한다는 주장과 정부의 보복을 피해야 한다는 주장이 팽팽히 맞섰다. 두 시간 동안 간부들의 이야기를 다 들은 사장이 결론을 내렸다.

"이 기사 하나로 워싱턴 회담은 완벽하게 정리되었어요! 특파원 보낸 비용은 빼고도 남았소. 힘들여 진실을 취재한 리 기자의 노고를 생각해서라도 기사를 내보내시오. 대신 리 기자에게는 미국 취재를 중단하고 바로 돌아오라고 하고요."

「미국, 한국 경제 개발 계획, 전폭 지지 회피」라는 제목으로 나간 그의 기사는 엄청난 파문을 일으켰다. 전국 모든 신문과 방송이 주요 기사로 다뤘고, 심지어 미국으로 기자를 파견한 다른 신문사도 리영희의 기사를 별도로 실었다. 한미 정상 회담에서 미국의 전폭적 지지를 받은 것처럼 꾸며 국민의 신뢰를 얻으려던 박정희의 계획이 어그러져 버린 것이다.

기사가 실린 다음 날, 박정희를 따라온 고위 관리가 기자들에게 겁을 주었다.

"여기까지 와서 좋지 않은 기사를 쓴 사람은 잘 기억해 둘 겁니다."

리영희에겐 그것이 마치 자신을 겨냥하는 말처럼 느껴졌다. 불안한 마음으로 다음 방문지인 유엔 주재 한국 대표부에 가니 회사에서 보낸 전보 한 통이 도착해 있었다.

'취재 중지, 즉시 귀국!'

박정희의 미국 방문 일정은 며칠 더 남아 있었지만, 리영희는 바로 다음 날 짐을 싸서 귀국해야 했다.

13. 공부로 만들어 낸 특종

그 후에도 리영희는 여러 차례 특종 기사로 박정희 정권에 타격을 주었다. 대표적인 것이 한일 회담 관련 기사였다. 1963년 군복을 벗고 대통령이 된 박정희는 곧바로 한일 회담을 시작했다. 케네디 대통령의 말대로 일본과 외교 관계를 맺는 조건으로 과거 식민지 지배에 대한 배상금을 받아, 그 돈으로 경제 개발을 할 계획이었다.

그러나 국민은 식민 지배로부터 해방된 지 고작 20년도 안 돼, 다시 일본과 외교 관계를 맺는 것에 격렬히 반대했다. 일본이 우리나라를 식민지로 삼아 고통을 주었다는 사실도 제대로 인정하지 않는데 굳이 친하게 지낼 이유가 없다는 것이었다. 이 정도로 반대가 심하면 국민의 뜻을 존중해 박정희가 물러설 것으로 생각하는 사람들도 있었다. 하지만 리영희의 생각은 달랐다.

'아무리 국민들이 반대해도, 박정희 정권은 한일 회담을 밀어붙일 거야!'

그는 한일 회담이 시작되기 전부터 회담에 나올 수 있는 내용을 미리미리 공부했다. 우선 일본이 과거에 지배했거나 점령했던 나라들과 다시 관계를 맺으며 합의한 내용을 살펴보았다. 그 결과, 일본은 품삯이나 은행 예금처럼 개인이 일본에 받아야 할 돈을 하나도 인정하지 않았다는 사실을 알게 됐다. 이후 한일 회담에 참여하고 있는 관리들

을 취재해 보니 일본은 우리나라에도 똑같은 수를 쓰려 하고 있었다. 일본은 한 술 더 떠, 외교 관계를 맺는 대가로 일본이 한국에 주는 돈은 식민지 지배에 대한 배상금이 아니라 독립 축하금이라는 주장까지 하고 있었다.

 꼼꼼하게 사실을 확인하고 쓴 리영희의 기사는 전국 신문과 방송 모두에서 중요한 기사로 보도되었다. 아침 신문을 본 박정희는 펄펄 뛰었다.

 "그렇지 않아도 한일 회담에 대한 반대 여론이 높아 골치가 아픈데, 누가 이런 기사를 쓴 거요? 외무장관은 누가 회담 기밀을 흘렸는지 확인해 보시오. 그리고 또 한 번 이런 일이 발생하면 외무장관이 책임을 져야 할 거요."

 당시 총리 겸 외무장관이었던 정일권은 국무 회의를 마치고 나오자마자 리영희를 불렀다.

 "리 기자, 오늘 국무 회의에서 리 기자의 기사 때문에 대통령에게 혼이 났소. 그렇다고 리 기자가 잘못했다는 것은 아니오. 그저 누구에게 어떻게 취재했는지만 알려 주시오."

하지만 리영희에게는 정보원이 없었다.

"누구에게 정보를 받아서 쓴 기사가 아닙니다. 제가 혼자 일본 쪽 자료를 챙겨 보고 연구하고 확인해서 쓴 겁니다. 그동안 일본이 다른 나라와 어떻게 관계를 맺었는지를 관련 자료를 통해 조사했을 뿐입니다."

"그렇다면 더는 묻지 않겠소. 다만, 앞으로 그런 중대한 기사를 쓰려면 전화로 미리 중요한 내용만이라도 알려 주면 좋겠소."

"집에 전화기가 없어 미리 알릴 도리가 없습니다. 전화기를 쓰려면 30분쯤 걸어 나와 청량리역까지 가야 하거든요."

리영희의 대답에 정 총리는 깜짝 놀라며 그 자리에서 통신을 담당하던 체신부 장관에게 전화를 걸었다.

"장관님, 당장 리영희 기자의 집에 전화를 놓아 주세요."

며칠도 안 돼 그의 집에 전화가 개설되었다.

전화를 놓으려면 몇 달씩 기다려야 했던 시절이었으니 그로서는 큰 특혜를 받은 셈이었다.

어쨌거나 이는 공부하고 연구하는 기자 리영희의 참모습을 보여 준 사건이었다. 그의 기사로 인해 한일 회담 반대 여론은 더욱 들끓었다. 대학가에서는 반대 시위가 끊이지 않았다. 그러나 박정희 정권은 국민의 반대를 무릅쓰고 기어이 1965년 한일 협정을 맺었다. 식민 지배에 대한 사과도 받지 못한 채 몇억 달러의 돈으로 일본의 죄를 덮어 주었다. 한국과 일본이 아직도 과거사를 정리하지 못하고 계속 다투는 데는 이렇게 엉터리로 협정을 체결한 탓도 있다.

14. 기사를 쓰고 감옥으로

한일 회담 특종 기사로 명성이 한껏 높아진 리영희는 조선일보로 직장을 옮겼다. 그의 기사를 눈여겨보던 김경환 편집부장이 강력히 추천한 덕분이었다. 리영희도 신문사에서 독자들과 직접 소통할 수 있으리라는 기대감이 컸다. 조선일보로 직장을 옮기고 얼마 안 된 1964년 11월 어느 날, 리영희는「남북한 유엔 동시 가입 제안 준비」라는 기사를 썼다.

당시 남한과 북한은 모두 유엔에 가입하지 못한 상태였다. 미국과 소련 중 어느 한 나라라도 반대하면 가입할 수 없었는데, 미국은 북한의 가입에, 소련은 남한의 가입에 반대한 것이다. 그런데 제2차 세계 대전 이후 독립한 나라들의 모임인 '아시아·아프리카 회의'에서 남한과 북한을 함께 초청해 유엔 가입 문제를 논의하기로 했다는 외국 언론의 보도가 나왔다. 리영희는 이동원 외무장관에게 보도 내용이 사실임을 확인한 후 기사를 썼다.

그런데 그날 밤, 국가 안전에 관한 정보를 수집하던 기관인 중앙정보부가 리영희와 편집국장을 끌고 가고, 기사가 실린 신문도 압수했다. 리영희의 기사가 '반공법'이라는 법을 어겼다는 것이다. 중앙정보부는 남한과 북한이 유엔 동시 가입을 추진한다고 말하는 것 자체가 불법 집단인 북한을 남한과 동등한 국가로 인정하는 것이라고 여겼다. 당시 한국 정부는 대한민국이 한반도의 유일한 합법 정부이고, 북한은 '불법 조직된 반국가 단체'라고 주장했다. 그에 따라 북한을 인정하는 국가와는 외교 관계도 맺지 않았다.

리영희가 잡혀간 방에는 나이가 쉰 살쯤 되어 보이는 남자가 앉아 있었다. 얼굴이 험상궂은 그 남자는 리영희를 무섭게 협박하기 시작했다.

"잘 들어. 내가 해방 전에 일본 헌병을 할 때 내 손에 잡혀 죽어 나간 독립운동가들이 얼마나 많은지 알아? 너 같은 기자 나부랭이 하나 없애는 것쯤은 일도 아니야. 그러니 바른 대로 불어!"

독립운동가를 고문하던 일제의 앞잡이가 해방된 나라에서 처벌을 받기는커녕, 권력을 쥔 채 이렇게 큰소리를 치는 것이었다.

"외국 언론이 보도한 것을 외무장관에게 확인하고 그대로 기사를 썼을 뿐입니다. 그게 어떻게 죄가 됩니까?"

리영희는 이 한마디만 하고는 입을 다물어 버렸다.

사건이 벌어진 다음 날, 리영희와 편집국장의 체포 소식을 들은 외무장관이 중앙정보부장에게 전화해 두 사람을 풀어 주라고 요구했다. 자신이 확인해 준 내용을 쓴 것이니 문제가 안 된다고 했지만, 정보부장은 들은 척도 안 했다. 화가 난 장관은 고래고래 소리를 쳤다.

"야, 인마! 장관인 내가 기밀이 아니라는데, 네가 뭔데 마음대로 잡아넣나? 두 사람을 당장 풀어 줘. 알았어?"

정보부장은 즉각 보복에 나섰다. 다음 날 출근 중이던 외무장관을 중앙정보부로 끌고 온 것이다. 정보부장을 보자마자 외무장관은 무섭게 화를 냈다.

"대통령이 임명하고 헌법이 신분을 보장한 장관인데, 어떻게 네가 날 납치할 수 있어? 네 비위가 거슬린다고 아무나 빨갱이(공산주의자를 속되게 이르는 말)로 만들어 버리면 되는 줄 알아? 그 기사, 장관인 내가 기밀이 아니라 하잖아. 대통령께서 이 일을 아시면 너도 무사하지 못할 거야!"

그가 이렇게 펄펄 뛰자 정보부장은 괜히 죄도 없는 부하들에게 호통을 치며 물러섰다.

"정중히 모셔 오랬더니 왜 이렇게 기분이 상하게 해 드렸어? 꼴도 보기 싫으니 당장 저리 가!"

외무장관뿐만 아니라 기자 협회도 대통령에게 항의 편지를 보내 두 사람의 석방을 요구했다. 그 덕인지 편집국장은 곧바로 풀려나고, 리영희도 한 달 만에 석방됐다.

이듬해 리영희를 조선일보에 추천했던 김경환이 편집국장이 되었다. 리영희를 깊이 신뢰했던 김 국장은 그를 외신부장에 임명했다. 원래부터 국제 문제에 관심이 컸던 리영희로선 외신부장 일이 너무나 즐거웠다. 매일매일 신들린 사람처럼 일했다.

외신부장이 된 그는 국제 기사를 다루는 세 가지 원칙을 세웠다.

첫째, 현지 보통 사람의 처지에서 문제를 다룬다.
둘째, 편견 없이 진실을 추구한다.
셋째, 기사를 통해 우리 사회를 비춰 볼 수 있도록 한다.

매일 아침 그는 외신부 후배 기자들에게 세 가지 원칙에 따라 각자 열 꼭지의 중요 기사를 추리고, 그렇게 추린 이유를 설명하라고 했다. 설명이 끝나면 리영희가 다시 꼼꼼하게 따져 묻는 통에 후배 기자들은 식은땀을 흘려야 했다. 하지만 그렇게 훈련한 덕에 그들은 훌륭한 외신 기자로 커 갈 수 있었다.

15. 올바른 이름이 진실의 시작

리영희는 기자는 모름지기 진실을 추구해야 한다고 믿었다. 그리고 진실은 사물이나 사건의 이름을 내용과 성격에 맞게 정확하게 부르는 데서 시작한다고 생각했다. 이런 생각을 확실히 갖게 된 건 '푸에블로호 사건' 때문이었다.

푸에블로호는 북한 앞바다에서 정보를 수집하던 미국의 첩보함 이름이다. 1968년 1월 이 첩보함은 북한의 원산만 근처에서 북한 잠수함 활동을 살피고 있었다. 그런데 갑자기 북한의 군함이 다가와 그 자리에 멈추라고 요구했다. 북한의 바다를 침범했다는 이유였다. 푸에블로호는 북한의 영해 밖에 있다고 주장하며 멈추지 않았다. 그러자 북한 군함이 곧바로 공격을 시작했다. 북한은 전투기까지 출동시켜 위협을 가하며, 푸에블로호를 원산 항구로 끌고 갔다.

푸에블로호가 끌려간 후 미국은 항공 모함 세 척과 일본 오키나와에 있던 전투기를 우리나라로 보내는 무력 시위를 하면서, 푸에블로호를 즉각 돌려보내라고 요구했다. 그러나 북한은 들은 척도 하지 않았다. 미국이 북한의 영해를 침범했다는 사실을 인정하고 사과해야 한다는 말만 되풀이했다.

세계 최강의 미국이지만 이 일로 북한과 전쟁을 벌일 수는 없는 형편이었다. 그 당시 미국은 베트남에서 힘겨운 싸움을 하고 있어서, 또 다른 나라와 전쟁을 할 여유가 없었다. 무력 시위가 통하지 않자 미국은 외교를 통해 해결해 보려고 했다. 미국은 먼저 소련에게 북한에 압력을 넣어 달라고 부탁했다. 북한과 같은 공산주의 국가들의 우두머리 격인 소련의 말이라면 북한도 들을 것이라고 여긴 것이다.

남 일에 끼어들지 않으려던 소련도 미국이 자꾸 부탁하니까 외무부로 북한 대사를 불렀다. 그러나 북한 대사는 가지 않았다. 몇 차례나 불렀지만, 북한 대사는 들은 척도 하지 않았다. 북한의 태도에 화가 난 소련 외무차관이 직접 북한 대사관을 찾아갔다. 보통이라면 대사가 마중을 나가 맞이하기 마련인데, 이날 그 차관을 맞이하러 나온 사람은 가장 직급이 낮은 관리였다. 세계 언론은 이 사실을 전하며, 북한이 소련의 압력에 굴복하지 않겠다는 뜻을 이렇게 표현했다고 해석했다.

미국은 소련뿐만 아니라 다른 공산주의 국가를 통해서도 북한에 압력을 넣었지만, 북한은 눈 하나 깜짝하지 않았다. 결국 미국은 선원들의 석방을 위해 푸에블로호가 북한 영해를 침범했다는 사실을 인정하고 사과할 수밖에 없었다. 북한은 미국의 사과를 받은 후인 그해 12월 선원들을 석방했다. 그리고 푸에블로호를 지금까지도 미국에 대한 승리의 상징으로 대동강에 전시하고 있다.

그 당시 우리나라에서 북한을 부르는 공식 명칭은 '북괴'였다. 괴뢰는 꼭두각시란 뜻이니, 즉 북한이 소련의 꼭두각시라는 의미였다. 그런데 푸에블로호 사건을 통해 북한이 소련의 꼭두각시가 아니라는 사실을 온 세상이 알게 된 것이다.

이 과정을 지켜본 리영희는 그동안 줄곧 사용해 온 '북괴'라는 표현을 버리고 '북한'이라고 신문에 쓰기 시작했다. 꼭두각시가 아닌데 꼭두각시로 부르는 것은 독자에게 거짓을 전하는 일이라고 생각했기 때문이다.

16. 조선일보에서 쫓겨나다

1968년 봄, 조선일보의 편집국장이 바뀌었다. 새 편집국장은 평소 리영희가 만든 국제면을 못마땅하게 여겼던 선우휘였다. 선우휘는 그를 기사 쓰는 데 필요한 자료를 찾아 주는 조사부장으로 보냈다가 다음 해에는 기사를 못 쓸 뿐만 아니라 후배 기자도 없는 심의부장으로 밀어냈다. 그건 회사를 그만두라는 뜻이었지만, 리영희는 애써 모른 척했다. 아이가 셋이나 있는데 쉽게 회사를 그만둘 수는 없었다.

참다 못한 선우휘가 그를 불렀다.

"리 부장, 이제 그만 사표를 내세요. 리 부장의 시각은 조선일보의 편집 방침과 맞지 않아요. 우리나라의 반공 이념에도 맞지 않고."

"국장님의 말씀에 동의할 수 없습니다. 그리고 무조건 사표를 낼 수도 없습니다."

리영희가 버티니까 선우휘가 덧붙였다.

"리 부장을 내보내려는 게 회사의 뜻만이 아닙니다. 정부에서도 리 부장을 내보내라고 요구하고 있어요. 그러니 순순히 사표를 내는 게 좋을 겁니다."

이런 소리까지 들어 가며 더 이상 버티고 싶진 않았다. 언론인으로서 제대로 진실을 보도할 수 없는 현실이 괴롭기도 했다. 결국 리영희는 사표를 던지고 편집국장실을 나왔다.

정부가 리영희의 밥줄을 끊으려 한 것은 그의 베트남전 보도 때문이었다. 리영희는 자신이 세운 원칙대로 보통 베트남 사람의 처지에서, 편견 없이 진실하게 베트남 전쟁을 보도하려고 애썼다. 하지만 그것은 무척 어려운 일이었다. 무엇보다 우리 군인들이 미군과 함께 남베트남 편에서 싸우고 있었다. 학교에서는 남베트남과 맞서 싸우는 베트남 공산주의자들을 뿔 달린 도깨비처럼 묘사하며, 베트남 전쟁은 도깨비 같은 공산주의자에 맞서 자유 민주주의를 지키는 싸움이라고 가르쳤다. 언론들도 마찬가지였다. 우리 병사들의 활약을 부풀려 선전했고, 전 세계 많은 나라가 남베트남을 돕고 있는 것처럼 보도했다.

하지만 진실은 달랐다. 베트남에 군인을 보낸 나라도 적었고, 막상 보냈더라도 병력이 얼마 되지 않았다. 미국과 가장 가까운 나라로 알려진 영국에서도 단 여섯 명의 의장대(국가 행사나 손님을 맞이하는 의식을 담당하는 부대)만 파병했다. 더군다나 미국을 비롯한 세계 곳곳에서 베

트남 전쟁 반대 시위가 매일같이 열리고 있었다.

하지만 언론이 제대로 보도하지 않은 탓에, 우리나라에선 이런 사실을 제대로 아는 사람이 드물었다. 그래서 리영희는 왜 베트남 사람들이 전쟁을 시작했는지, 왜 베트남 전쟁에 미국이 끼어들어 남베트남을 돕고 있는지, 왜 대한민국도 베트남에 병사들을 보냈는지를 사실대로 알리기 위해 노력했다.

박정희 정권은 리영희의 노력을 무척 싫어했다. 정부는 베트남의 자유 민주주의를 지키러 간 우리 병사들이 열심히 싸운 덕에 남베트남이 이기고 있는 것처럼 보도하도록 언론에 요구했다. 이를 위해 언론사 간부들을 베트남에 보내 후하게 대접했고, 이런 대접을 받은 사람들은 대부분 정부의 요구에 순순히 따랐다. 그러나 리영희는 베트남 방문도 거절하고, 정부의 협조 요청도 듣지 않았다.

애가 탔던 정부는 리영희에게 파격적인 제안을 했다. 베트남에 2~3주 머물면서 우리 군인의 활동을 칭찬하는 기사를 써 주면, 월급의 세 배를 더 얹어 주겠다는 것이었다. 가난한 집안 살림을 생각하면 솔깃한 제안이었지만, 리영희는 이것마저 거절했다. 아무리 애써도 그의 고집을 꺾지 못하자, 박정희 정권은 조선일보에 압력을 가해 그의 펜대를 부러뜨린 것이었다.

신문사를 그만둔 그는 이제 더는 글을 쓰며 살지 않겠다고 결심했다. 자신이 옳다고 생각하는 글을 쓸 수 없다면 차라리 몸을 써서 먹고사는 게 나을 것 같았다.

'더 이상 지식인으로 살지 않겠어.'

그는 먼저 닭을 키워 볼 생각을 했다. 양계장에서 실습까지 했지만 닭 키울 땅을 살 돈이 없었다. 다음으로 택시 운전을 해 볼까 알아보았다. 그때는 택시가 처음으로 나오던 시절이라, 택시 한 대만 사면 여섯 식구가 먹고살 수는 있을 것 같았다.

리영희는 어머니와 아내에게 어렵게 이야기를 꺼냈다.

"신문사를 그만뒀으니 이제 택시 운전을 해 볼까 합니다. 이 집을 팔아 택시를 사서 굴리면, 우리 식구 먹고사는 건 충분히 나온다고 합니다."

그의 말이 끝나기도 전에 어머니가 펄펄 뛰며 반대했다.

"대학까지 졸업해 놓고서 택시 운전이 무슨 말이냐? 내 눈에 흙이 들어와도 이 집은 못 판다. 그리고 네가 택시 운전하는 꼴도 나는 볼 수 없다."

직업에는 귀하고 천한 것이 없다고 아무리 말씀드려도 어머니의 고집을 꺾을 수는 없었다. 결국 어머니의 반대 때문에 택시를 몰겠다는 생각도 접을 수밖에 없었다.

그 후 한동안 책을 팔러 다니거나 라디오의 방송 대본을 쓰면서 버티던 그에게, 합동통신사에서 외신부장으로 와 달라는 부탁이 날아들었다.

4부
글로써 사람을 깨우다

17. 루쉰을 스승 삼아

 육체노동자가 되겠다는 결심을 지키지 못하고 다시 기자직에 돌아온 리영희는 이제부턴 글을 통해 사람들을 깨우치는 일을 하자고 굳게 마음먹었다.

 그가 이렇게 마음먹게 된 데는 중국의 유명한 작가 루쉰이 큰 영향을 끼쳤다. 루쉰이 살던 20세기 초의 중국은 서구 여러 나라의 침략에 시달리고 있었다. 돈과 권력을 가진 사람들은 서로 다투고 백성들은 하루하루 먹고사는 것에 급급해 나라가 어떻게 돌아가는지에 관심을 쓸 겨를이 없었다. 루쉰은 이런 중국인들을 '창문도 없고 부술 수도 없는 쇠로 된 방' 속에 잠들어 있는 사람들 같다고 썼다. 그리고 자신이 글을 쓰는 목적은 이렇게 잠들어 있는 사람들을 깨우기 위한 것이라고 밝혔다.

루쉰의 이 글을 읽는 순간, 리영희는 자기도 모르게 탄성을 질렀다.

'그래, 바로 이거야! 나도 루쉰처럼 잠들어 있는 우리나라 사람들을 깨우는 글을 쓰는 거야!'

당시 우리나라 사람들은 반공주의에 마취돼 잠들어 있는 거나 다름없는 상태였다. 박정희 정권은 공산주의 국가인 북한에 맞서기 위해 반공을 중요한 가치로 내세워 왔다. 하지만 많은 경우 반공은 정권을 비판하는 사람들을 옭아매는 무기로 쓰였다. 반공이라는 핑계를 대며 민주주의와 인권을 짓밟는 일이 수없이 일어났지만, 더 큰 보복을 당할까 봐 두려워 문제 제기조차 할 수 없었다. 리영희는 루쉰을 읽고, 반공주의에 마취된 우리 국민을 깨울 수 있는 글을 쓰자고 결심했다.

루쉰은 글을 쓰는 목적뿐만 아니라 글을 쓰는 방법도 가르쳐 주었다. 더 많은 사람이 읽고 알아들을 수 있도록 쉬운 말로 써야 한다는 것이었다. 그러나 쉽게 쓰는 일은 말처럼 쉬운 일이 아니었다. 좀 더 쉬운 단어를 찾고 좀 더 간단하게 표현하기 위해 며칠씩 끙끙거리며 고민하는 날이 늘어 갔다.

리영희가 합동통신사에 근무하며 틈틈이 쓴 글은 조금씩 우리 사회에 영향을 끼치기 시작했다. 잡지 여기저기에 실린 그의 글은 지식인들과 젊은이들의 관심을 끌었다. 베트남, 중국, 일본 등 국제 문제를 그만큼 정확하게 분석하는 사람이 드물었기 때문이었다.

그는 글 쓰는 일뿐만 아니라 민주주의를 지키는 데 도움이 되는 일은 무엇이든 마다하지 않았다. 그 무렵 박정희는 오래오래 권력을 지키기 위한 계획을 착착 진행하고 있었다. 당시 헌법은 대통령의 임기를 4년으로 정하고, 한 사람이 두 번만 대통령이 될 수 있다고 규정했다. 박정희는 1963년과 1967년에 당선되어 두 번째 대통령을 하고 있던 상태라, 1971년 치러지는 선거에는 나올 수 없었다. 그런데 박정희가 야당의 반대를 무릅쓰고, 세 번까지 대통령을 할 수 있도록 헌법을 고쳐 버렸다.

'3선 개헌'이라고 부르는 이 조처에 수많은 시민이 반대했다. 시민들은 '민주 수호 국민 협의회'를 만들고 박정희의 3선을 막으려 했지만, 1971년 선거에서 박정희는 야당 후보인 김대중을 누르고 승리했다. 독재로 치닫는 박정희 정권에 대한 불만이 곳곳에서 터져 나왔다. 153명의 판사가 사법부 독립을 요구하며 자리에서 물러났고, 정부를 비판하는 대학생들의 시위도 갈수록 늘어 갔다.

죽을 때까지 대통령을 하고 싶었던 박정희는 반대 세력을 꺾지 않으면 자신의 꿈을 이룰 수 없다고 판단했다. 그는 폭력적인 방법을 선택했다. 1971년 10월, 박정희 정권은 군을 동원해 서울의 주요 대학을 점령한 후 시위하는 학생들을 모조리 잡아 갔다.

이런 상황을 보고 양심적인 지식인들이 일어섰다. 그들은 박정희의 영구 집권 계획을 비판하고 구속 학생의 석방을 요구하는 '64인 지식인 선언'을 발표했다. 리영희도 그 선언에 참여한 사람 중 하나였다. 박정희 정권은 즉각 보복했다. 합동통신사에 압력을 넣어, 리영희를 해고시켰다. 지식인 선언에 참여했다는 게 이유였다. 조선일보에 이어 두 번째로 직장에서 쫓겨난 것이다.

이로써 리영희의 기자 생활은 끝이 났다. 하지만 14년간의 기자 생활을 통해 그는 우리 언론 역사에 분명한 발자취를 남겼다. 리영희는 사회적 책임을 다하는 기자의 본모습을 보여 줬다. 그는 사회를 바르게 이끄는 것이 언론의 책임이고, 그 책임을 다하려면 "진실에 대한 충성심과 그를 표현할 용기"를 지녀야 한다고 생각했다. 진실에 충성하다가 리영희는 구속도 되고 언론사에서 두 번씩이나 쫓겨났다. 훗날 한국 기자 협회가 제1회 '기자의 혼'상 수상자로 리영희를 선정한 것은 진실에 충실하고자 한 그의 삶이야말로 기자들이 따라야 할 모범이라고 보았기 때문이었다.

18. 10월 유신과 맞닥뜨리다

다시 실업자가 된 그에게 한양대에서 신문방송학과 교수로 모시고 싶다는 제안이 왔다. 그 덕분에 1972년 봄부터 리영희는 교수가 되어 학생들을 가르치게 되었다. 합동통신사에 있을 때보다 연구할 시간이 많아지고, 더 깊이 있는 글을 쓸 수 있게 되니 좋았다.

그렇지만 한국 사회는 점점 더 억압적으로 변해 가는 중이었다. 박정희는 '한국적 민주주의'를 뿌리내리게 하겠다며 이른바 '10월 유신'이라는 비상 조치를 발표했다. 대통령이 멋대로 헌법을 정지시키고 국회를 해산한 것이다. 그리고 지금 헌법이 평화 통일을 이루는 데 도움이 되지 않는다며 '유신 헌법'이라는 새 헌법을 만들었다.

유신 헌법에 따라 국민은 대통령을 직접 뽑을 수 없게 됐고, 한 사람이 평생 대통령을 할 수 있는 길도 열렸다. 대통령은 국회를 해산하고 긴급 조치를 통해 국민의 자유와 권리를 마음대로 제한할 수 있는 권한까지 갖게 되었다. 결국 유신 체제는 박정희 장기 독재 체제의 다른 이름이고, 유신 헌법은 그를 위한 도구에 지나지 않았다.

그러나 독재자가 무시무시한 헌법과 총칼로 위협해도 민주주의를 향한 국민의 열망을 완전히 꺾을 수는 없었다. 1971년 대통령 선거에서 박정희와 맞섰던 김대중은 외국으로 피신해, 미국과 일본의 동포들과 함께 박정희의 독재를 비판하는 활동을 시작했다. 김대중의 노력 덕에 미국을 비롯한 세계 여러 나라에서 박정희 정권을 비판하는 목소리가 높아졌다. 참다 못한 박정희는 1973년 8월 중앙정보부에 은밀히 지시해 일본에 있던 김대중을 납치했다. 남의 나라 영토에서 자신의 정치적 적을 납치해 간 박정희 정권에 대한 국제적 비판은 더욱 높아져 갔다. 국내에서도 한동안 숨죽이고 있던 대학생들이 본격적으로 유신 헌법에 반대하는 시위에 나서기 시작했다.

나라 안팎에서 커다란 비판에 직면한 박정희는 긴급 조치 1, 2호를 발령했다. 유신 헌법을 부정하거나 반대하는 행위는 물론이고, 헌법 개정이나 폐지를 주장하는 모든 행위를 금지하는 내용이었다. 이런 금지 행위를 한 사람은 영장 없이 체포해 군사 법정에서 재판한다고 했다.

민주주의 사회에서 헌법을 비롯한 법률은 국민의 뜻에 따라 만들어야 하고 국민이 원하면 바꿀 수 있어야 한다. 유신 헌법 이전에는 선거권을 가진 국민 50만 명만 동의하면 헌법 개정을 제안할 수도 있었다. 그런데 박정희의 긴급 조치 1, 2호 때문에 국민들은 헌법에 문제가 있다고 말하기만 해도 군사 법정에서 재판을 받고 감옥에 가게 되었다. 나라의 주권이 국민에게 있다는 민주주의의 기본 원칙과 인권의 중요성을 송두리째 부정하는 조치가 아닐 수 없었다.

하지만 대학생들은 박정희 정권의 이런 위협에도 겁먹지 않고 전국적인 유신 반대 시위를 준비했다. 대학에 심어 놓은 정보원을 통해 이 사실을 먼저 알게 된 박정희 정권은 곧바로 긴급 조치 4호를 선포하고 학생들을 잡아들였다. 긴급 조치 4호는 전국 민주 청년 학생 총연맹(민청학련)이란 시위 준비 단체에 가입하고 활동한 사람은 사형에까지 처한다는 내용이었다.

　그것으로 끝이 아니었다. 박정희 정권은 인민 혁명당(인혁당)이란 공산주의자 단체가 민청학련의 학생들을 뒤에서 조종하고 있다는 거짓말을 꾸며 냈다. 긴급 조치 4호에 따라 민청학련 소속 학생들과 인혁당 관련자들에게 사형과 무기징역 등 최고 형이 내려졌다. 단지 시위할 준비를 했다는 이유로 죽임을 당하거나 평생토록 감옥에 갇히게 된 것이다.

19. 어둠을 밝힌 『전환시대의 논리』

　이렇게 박정희 정권의 공격은 쉴 새 없이 몰아쳤지만, 그 속에서도 민주주의를 지키려는 사람들의 노력은 계속 이어졌다. 리영희도 그런 사람 가운데 하나였다. 그는 '앰네스티 인터내셔널(이하 '앰네스티') 한국 위원회'를 만드는 일에 나섰다. 앰네스티는 독재 정권에 맞서 민주주의와 양심을 지키려다 감옥에 갇힌 이들을 돕는 국제 단체였다. 또 민주주의를 회복하기 위해 활동하는 '민주 회복 국민 회의'에도 참여했다.

　그렇지만 리영희가 무엇보다 힘을 쓴 것은 글 쓰는 일이었다. 그가 그동안 써 온 글들을 모아 『전환시대의 논리』라는 이름으로 첫 책을 낸 것은 1974년 6월이었다. 민청학련 사건과 인혁당 사건으로 세상이 꽁꽁 얼어붙어 있던 바로 그때였다. 베트남과 중국, 일본 등 주로 다른 나라에 관한 글들을 모은 책이라, 책을 내면서도 많이 팔리리라고는 기대조차 하지 않았다.

하지만 책은 나오자마자 학생들 사이에서 큰 화제를 불러일으켰다. 먼저 본 학생들의 소개로 입소문이 나면서 『전환시대의 논리』는 젊은 이들이 반드시 읽어야 하는 책이 되었다.

"너 『전환시대의 논리』라는 책 봤어?"

"아니, 아직 안 봤는데. 왜?"

"그 책 한번 읽어 봐. 난 머릿속에서 지진이 일어나는 것 같았어. 그동안 우리가 진실이라고 알고 있던 것들이 얼마나 잘못되었는지 깨달았다니까. 무엇보다 베트남 전쟁에 관한 분석은 놀라워."

"베트남 전쟁을 어떻게 분석했는데?"

"그동안 우리가 학교에서 배워 온 것과는 완전히 달라. 그 책을 보면 베트남 사람들이 독립을 위해 어떻게 싸웠는지, 미국이 왜 베트남전에 끼어들었는지, 그리고 왜 미국이 그렇게 엄청난 돈과 무기를 퍼부어도 전쟁에서 이기지 못하고 있는지를 잘 알 수 있어."

"그래? 그렇다면 나도 읽어 봐야겠다."

사실 우리나라 장병들이 베트남에서 목숨을 걸고 싸우고 있었지만, 국민들은 베트남을 잘 몰랐다. 베트남 전쟁이 왜 일어났는지, 왜 미국

이 남의 나라 전쟁에 끼어들었고, 우리나라는 왜 베트남에 젊은이들을 보내게 됐는지를 제대로 아는 사람이 거의 없었다.

100년 가까이 프랑스의 식민지였던 베트남은 제2차 세계 대전 후 독립을 선언했다. 하지만 프랑스는 이를 인정하지 않았다. 이에 맞서 베트남 사람들은 우리의 김구 선생처럼 평생 독립을 위해 싸워 온 호찌민을 중심으로 뭉쳐 싸워, 8년 만에 프랑스를 몰아내는 데 성공했다.

그러나 승리의 기쁨도 잠깐, 베트남은 강대국들의 속임수 때문에 남북으로 분단되는 아픔을 겪게 됐다. 베트남이 공산 국가가 되는 것을 원치 않았던 강대국들이 북위 17도선을 기준으로 남베트남과 북베트남으로 나눠 버린 것이다. 해방 후 미국과 소련이 우리나라를 38선을 중심으로 남북으로 나눈 것처럼 말이다. 북베트남에선 프랑스의 식민 지배에 맞서 싸운 공산주의자들이, 그리고 남베트남에선 프랑스 식민 지배에 협력했던 사람들이 권력을 장악했다.

독립을 위해 싸워 온 베트남 사람들은 곧 강대국들이 멋대로 갈라놓은 나라를 통일하기 위한 싸움을 다시 시작했다. 그런데 이 싸움에 미국이 끼어들었다. 남베트남이 무너져 베트남이 공산주의 국가로 통일되면, 이웃 나라들도 공산화될 것이라고 걱정한 탓이었다.

세계에서 가장 힘이 센 나라였던 미국은 가난하고 헐벗은 북베트남 따위는 쉽게 물리칠 것으로 자신했다. 하지만 그것은 큰 착각이었다. 북베트남 사람들은 미국의 압도적인 힘 앞에서도 결코 물러서지 않았다. 미국은 점점 더 많은 군인과 물자를 베트남에 보내며 전쟁의 수렁으로 빠져들어 갔다.

그렇다면 우리나라는 왜 베트남에 군대를 보낸 걸까?

미국이 베트남에서 몹시 어렵게 싸우는 모습을 본 박정희는 이러다가 미국이 주한 미군까지 베트남으로 보낼까 봐 걱정했다. 주한 미군이 베트남으로 가 버려서 남한의 힘이 약해지면, 북한이 다시 쳐들어올 수도 있다고 생각한 것이다. 당시 남한이 경제력은 물론이고 군사력도 북한에 뒤처져 있었던 까닭이다. 이런 상황을 해결하기 위해 박정희는 미국 대통령에게 우리 병사들을 베트남에 보내겠다고 제안했고 미국은 그것을 받아들였다. 박정희 정권은 우리 군인들이 베트남 사람들을 도와 자유 민주주의를 지키러 간다고 선전했지만, 실상은 우리나라의 안보 걱정 때문이었다.

미국이 그렇게 엄청난 돈과 병력을 베트남 전쟁에 퍼부었는데도 승리하지 못한 이유는 무엇일까?『전환시대의 논리』는 남베트남 지도자들이 국민의 지지를 받지 못한 탓이라고 설명했다. 남베트남의 지도자들은 대부분 우리의 친일파처럼 프랑스 식민지 시기에 프랑스 편에 서서 독립운동가들을 짓밟아 온 사람들이었다. 게다가 그들은 권력을 통해 자신의 배를 불리는 부패한 자들이었다. 반면 호찌민이 이끄는 북베트남 지도자들은 대부분이 독립운동가였다. 그들은 토지 제도를 개혁해 가난한 사람들에게 골고루 토지를 나눠 주었다. 북베트남 사람들은 이런 지도자들을 믿고 목숨을 아끼지 않고 싸웠지만, 남베트남 사람들은 열심히 싸울 이유를 찾지 못했다. 승리를 위해서는 돈과 무기도 필요하지만, 더 중요한 것은 국민의 지지였다.

리영희는 『전환시대의 논리』에서 베트남 전쟁과 관련해 이렇게 설명하고, 결국에는 국민의 마음을 얻지 못한 미국과 남베트남이 패배할 거라고 예상했다. 그의 예상대로 베트남 전쟁은 미국의 패배로 끝이 났다. 1975년 4월 30일 사이공(지금의 호찌민시)의 미국 대사관에서 미국인들이 헬리콥터로 탈출하는 장면이 전 세계로 중계됐다. 세계 최강의 미국으로서는 너무나 부끄러운 패배였다.

미국이 졌다는 것은 미국을 도왔던 한국이 졌다는 의미이기도 했다. 우리나라는 미국 다음으로 많은 병력을 베트남에 보내 5천 명이 넘는 장병이 목숨을 잃고 1만 명 이상이 다치는 희생을 치렀다. 그런 대가를 치르고도 졌다면 그 이유를 밝혀내고 반성해야 했다.

베트남 전쟁이 우리에게 준 가장 큰 교훈은 국민의 마음을 얻지 않고는 그 무엇도 이루어 낼 수 없다는 사실이었다. 그러나 박정희는 이 교훈을 깨닫지 못했다. 국민의 마음을 얻으려 하는 대신 오히려 더 심하게 짓밟고 탄압했다.

제일 먼저 탄압의 대상이 된 것은 언론이었다. 그 무렵 조선일보와 동아일보에서는 많은 기자가 언론의 자유를 지키기 위해 싸우고 있었다. 박정희 정권은 리영희를 신문사와 통신사에서 쫓아냈던 것처럼 두 신문사 쪽에 언론 자유를 지키려고 싸우는 기자들을 쫓아내라고 압력을 가했다. 두 신문사는 정권의 지시대로 움직였다. 한밤중에 깡패까지 동원해 편집국에서 시위하던 기자들을 끌어내 해고해 버렸다.

이어 인혁당 사건 관련자 일곱 명과 민청학련 관련자 한 명 등 여덟 명에 대한 사형이 집행됐다. 대법원의 최종 판결이 내려진 지 스물네 시간도 안 돼 벌어진 일로, 법이 지배하는 민주주의 나라에선 있을 수 없는 일이었다. 대법원에서 사형 선고가 내려져도 다시 재판을 요구할 수 있는 시간을 주는 게 법의 상식이기 때문이다. 이들에 대한 재심은 30여 년 뒤인 2000년대에야 이뤄졌다. 재심에선 모두 무죄로 밝혀졌고, 국가는 그들의 억울한 죽음에 대해 보상을 해야만 했다.

20. 민주화 운동 한복판에서 만난 벗들

시절이 이렇게 무시무시해질수록 리영희와 리영희의 글을 찾는 사람들은 오히려 늘어났다. 그의 첫 책을 펴낸 출판사인 창작과비평사(지금의 '창비')와의 인연으로 만난 문인들과 학자들은 물론이고 민중 연극, 민중 미술을 하는 예술가들도 그를 찾았다. 또 긴급 조치를 위반해 학교에서 쫓겨난 학생들 역시 그의 단골손님이었다. 리영희는 그들에게 국제 정세를 설명하며 민주화에 대한 희망을 잃지 않도록 격려 했다.

  집으로 직접 찾아올 수 없는 사람들은 그에게 이런저런 질문을 담은 편지를 보냈다. 리영희는 그들의 편지에 성심성의껏 답글을 써 보냈다. 한 사람이라도 더 깨우치는 일이 민주화를 위해 중요하다고 믿었던 까닭이다.

  리영희의 집에 드나들던 젊은이들은 하나둘 그의 주례로 결혼을 했다. 그는 주례도 남다르게 했다. 그가 처음으로 주례를 선 사람은 『나의 문화유산답사기』로 유명한 유홍준이었다. 유홍준은 결혼식이 끝나고 받은 혼인 서약서를 보고 깜짝 놀랐다. 원문은 "어떠한 경우라도 서로 사랑하며 진실한 아내와 남편의 도리를 다할 것과 어른을 공경하고 나라에 공헌할 것을 맹세합니까?"였는데, 주례가 '나라'를 '사회'라고 고쳐 놓은 것이었다.

  "선생님, 왜 '나라'를 '사회'라고 고치셨어요?"

  유홍준이 까닭을 묻자 리영희는 이렇게 답했다.

  "나라라는 말보다 사회라는 말이 인간적이지 않은가?"

  그는 이렇게 자기 뜻을 정확하게 표현하기 위해서 단어 하나도 그냥 넘어가지 않았다.

  민주화 운동을 함께한 벗 가운데 그가 특별히 소중하게 여긴 이는 장일순이었다. 장일순은 1960년대부터 강원도 원주에서 농민 운동을 이끌던 인물이다. 천주교 신자였지만 불교는 물론이고 '사람이 하늘'

이라고 가르치는 동학에 관해서도 깊이 공부하였다. 생산자와 소비자가 자연을 존중하며 함께하는 삶을 추구하는 '한살림' 협동 조합을 설립한 인물이기도 하다.

두 사람이 처음 만난 것은 1970년대 초였다. 김지하 시인으로부터 장일순에 관한 이야기를 들은 리영희는 무작정 원주로 찾아갔다. 두 사람은 개울가에서 밤새도록 동서양 철학을 오가며 이야기를 나누었다. 장일순은 좁쌀 한 알에도 우주가 있다고 이야기했다.

"우주 만물 가운데 어느 것 하나가 빠져도 밥 한 그릇이 만들어질 수 없어요. 밥 한 그릇이 곧 우주라는 얘기지요. 하늘과 땅과 사람이 서로 힘을 합하지 않으면 생겨날 수 없으니 밥알 하나, 티끌 하나에도 대우주의 생명이 깃들어 있는 거지요."

이 말을 들은 리영희가 감격에 차서 외쳤다.

"장 선생님, 앞으로 제가 형님으로 모시겠습니다."

여간해서 다른 사람에게 머리를 숙이지 않는 그가 그렇게 한 것은 그만큼 장일순의 학문의 깊이와 삶의 자세에 감명받았다는 뜻이었다.

이처럼 세상 모든 것이 한 몸처럼 서로 연결돼 있다고 여겼던 장일순은 풀 한 포기도 함부로 대하지 않았고 적들조차 미워하지 않았다. 그야말로 자연과 하나 되는 삶을 스스로 실천한 장일순은 그것을 '한살림 운동'으로 발전시켰다. 리영희는 장일순을 통해 동양 사상을 알게 됐고, 모든 생명을 존중하는 삶의 중요성을 깨닫게 되었다.

장일순을 비롯한 여러 벗들이 있었기에 리영희는 그 힘들고 어두운 시기를 견뎌 내며 민주화 운동을 해 나갈 수 있었다.

21. 두 번째 감옥행

아무리 탄압해도 민주화를 요구하는 목소리가 꺾이지 않자 박정희 정권은 또 다른 대책을 마련했다. 당시 민주화 운동의 중심 세력은 대학생이었다. 박 정권은 리영희처럼 글이나 행동으로 대학생들에게 영향을 끼치는 교수들을 학교에서 쫓아내면 학생들이 조용해질 것으로 여겼다. 그래서 '교수 재임용 제도'라는 걸 만들어, 정권의 마음에 들지 않는 교수들을 모두 쫓아내 버렸다. 리영희도 그렇게 대학에서 쫓겨났다.

그 대신 한양대는 그에게 한양대학교 40년 역사를 정리하는 일을 맡겼다. 덕분에 그는 경제적 어려움을 겪지 않으며 더 열심히 연구하고 글을 쓸 수 있었다. 그 결과, 이듬해 『8억인과의 대화』와 『우상과 이성』이 세상으로 나왔다. 『8억인과의 대화』는 다양한 외국 전문가들이 직접 중국에 가 보고 쓴 글을 번역해 묶어 낸 중국 연구서였고, 『우상과 이성』은 『전환시대의 논리』처럼 우리 사회의 여러 문제에 대해 리영희 자신이 쓴 글을 묶은 것이었다. 두 책은 나오자마자 역시 인기

도서가 됐다.

『전환시대의 논리』가 젊은이들에게 끼친 영향을 잘 알고 있는 박정희 정권은 즉각 대응에 나섰다. 『우상과 이성』이 나온 후 얼마 안 된 1977년 11월 23일이었다. 그날 아침 동네 이발소에서 이발을 하고 나오는 리영희의 앞을 덩치가 큰 남자 둘이 가로막았다. 두 사람은 양옆에서 거칠게 그의 팔을 붙잡았다.

"리영희 씨지요? 저희와 함께 가 주셔야겠습니다."

"당신들은 누구요? 그리고 어디로 가자는 겁니까?"

"성동 경찰서에서 나왔습니다. 잠깐 몇 가지만 물어보면 됩니다."

하지만 그가 끌려간 곳은 성동 경찰서가 아니라 남영동에 있는 5층 건물이었다. 경찰이 공산주의자들을 조사한다며 새로 만든 곳이었다. 수사관들은 역시나 리영희를 공산주의자로 몰아가려고 했다. 사흘 동안이나 의자에 묶어 놓고 잠도 안 재운 채 계속 공산주의자라는 사실을 인정하라고 요구했다.

"리영희 씨, 『8억인과의 대화』는 중국에 대한 찬양 일색이고 『우상과 이성』에선 우리나라를 문제투성이 나라처럼 썼어요. 공산주의자가 아니면 이런 글을 쓸 리 없지 않아요?"

"그렇지 않습니다. 『8억인과의 대화』에 실린 글들은 서방 여러 나라의 전문가들이 직접 중국을 돌아보고 쓴 글입니다. 제가 한 일은 그런 글들을 가려 뽑아 번역한 것뿐입니다. 공산주의자라니 당치도 않습니다. 저는 우리나라가 조금이라도 더 민주적이고 살기 좋은 나라가 되기를 바랄 뿐입니다."

"아무리 번역이라도 빨갱이 나라인 중국이 우리나라보다 낫다고 쓴 글을 소개하는 게 공산주의자가 아니고 뭡니까? 잔말 말고 공산주의자임을 인정하세요!"

"저는 공산주의가 싫어서 북한에서 남한으로 내려온 사람입니다. 6·25 전쟁 때는 공산주의자들에 맞서 목숨을 걸고 싸웠습니다. 그런 제가 공산주의자라니, 당치도 않습니다."

경찰 수사가 끝나고, 리영희를 어떻게 처리할지를 두고 여러 기관이 모여 회의를 열었다. 책 내용만 가지고 처벌할 수는 없다는 의견이 많았지만, 경찰의 수사 책임자였던 박처원은 이런 책을 그냥 두면 젊은이들이 모두 빨갱이가 된다며 펄펄 뛰었다. 박처원은 이 회의에서 자기 의견이 받아들여지지 않자 청와대에까지 찾아가 그를 구속해야 한다고 주장했다.

결국 박처원의 뜻대로 리영희는 검찰로 넘겨졌다. 리영희의 수사를 맡은 검사는 대학 다닐 때 사법 시험에 합격한 것을 자랑으로 삼는 사람이었다. 그는 『8억인과의 대화』에 소개된 글 중에 "인구 1,200만의 상하이는 424개의 병원에 1만 1,500명의 의사가 있어 뉴욕의 주민들보다도 더 나은 의료 서비스를 받고 있다."라는 내용을 문제 삼았다.

"어떻게 공산주의 중국의 국민이 미국 사람들보다 더 나은 의료 서비스를 받을 수 있단 말이오?"

"그건 미국 경제학회 회장이 상하이 의료 현장을 직접 둘러보고 쓴 글입니다. 저의 의견이 아닙니다."

"누가 썼든 간에 그 글은 우리나라 교과서 내용과 달라도 너무 달라요. 우리 교과서에는 공산주의 국가 사람들은 모두 자유를 빼앗긴 채 헐벗고 굶주리고 있다고 쓰여 있지 않아요? 교과서와 완전히 다른 이런 내용은 공산주의를 찬양하는 거예요."

"교과서에 어떻게 쓰여 있는지 몰라도 이 글은 현장에서 보고 기록한 진실한 내용입니다. 진실을 진실이라고 쓰는 게 어떻게 공산주의 찬양입니까?"

"진실이 중요한 게 아니라 우리나라 교과서에 쓰여 있는 대로냐 아니냐가 중요한 겁니다."

그래도 리영희가 조목조목 따지고 들면 검사는 "당신이 뭐라고 말하든 검사가 반공법 위반이라고 하면 반공법 위반인 거요."라고 화를 내기만 했다.

결국 검찰의 억지 논리에 따라 리영희는 반공법 위반 혐의로 다시 한번 감옥에 갇히는 신세가 됐다. 이런 일을 겪으며, 그는 안데르센의 동화 「벌거숭이 임금님」에 나오는 소년을 생각했다.

'이야기 속 임금과 신하들은 임금이 벌거벗은 사실을 알면서도 한결같이 거짓의 편에 섰다. 지금 한국 사회도 이와 전혀 다르지 않아.

권력을 가진 자들이 진실이라고 우기는 것을 무조건 따르지 않으면 모두 다 빨갱이라는 검사의 주장이 그 단적인 예이지 않은가.'

모두가 거짓의 편에 섰을 때, 진실을 말한 소년에게는 큰 용기가 필요했을 것이다. 리영희 역시 거짓이 판치는 세상에서 진실을 지켜 내려면 지금보다 더 큰 용기가 필요하리라 생각했다. 비록 몸은 감옥 안에 갇혀 있지만, 절대로 물러서지 않겠다고 결심했다.

검사의 조사를 다 받고 재판을 받기 위해 감옥에 갇힌 바로 그날, 아내가 슬픈 소식을 갖고 그를 찾아왔다. 집을 떠날 때 병석에 누워 계셨던 어머니가 세상을 떠났다는 것이었다. 이발소에서 갑자기 끌려오는 통에 인사도 못 드렸는데……. 아내와 벗들이 그가 장례식에 참석할 수 있게 며칠간 외출을 허가해 달라고 부탁했건만, 검사는 최소한의 인간적인 요청조차 들어주지 않았다.

하나밖에 없는 아들로서 어머니의 장례조차 치르지 못하게 된 현실이 너무 슬펐다. 리영희는 차디찬 교도소 바닥에 무릎을 꿇고 통곡했다. 이웃 감방에 있던 김지하 시인이 소식을 듣고 사탕 몇 알을 보내왔다. 저녁으로 들어온 밥 한 공기와 김지하가 보낸 사탕을 차려 놓고 절을 올리며 어머니와 작별했다.

22. 사상 재판

동아일보와 조선일보에서 쫓겨난 기자는 물론이고 해직 교수와 시인, 소설가, 종교인 등 지식인들이 리영희의 구속을 비판하는 성명서를 연달아 발표했다.『8억인과의 대화』에 자신들의 글이 번역된 국외의 필자들과 그 책을 펴낸 백낙청의 하버드대학교 동창생들도 한국 정부에 항의 편지를 보냈다. 앰네스티는 리영희와 백낙청을 양심수(신념을 지키다가 처벌을 받은 사람)로 선정해 지원했다.

그 덕분에 그의 재판은 국내외에서 큰 관심을 불러일으켰다. 미국과 일본 등 외국 기자들이 취재하러 왔고, 많은 젊은이가 재판을 보기 위해 모여들었다. 재판 과정에서 그는 자신의 소신을 당당하게 밝혔다. 변호인이 그에게 질문했다.

변호인 『8억인과의 대화』를 출판하게 된 동기는?

리영희 중국에 대한 얕은 지식과 편견에 잘못 이끌리고 있는 국민을 계몽해야 한다고 생각했다.

변호인 '마오쩌둥이 중국을 통일한 인물'이라고 한 대목이 반공법 위반이라고 생각하는가?

리영희 역사적 사실과 진실은 법의 보호를 받아야 한다. 자기가 믿고 싶은 것만을 진실이라고 주장하면서 객관적 사실을 말하면 처벌

하는 권력은 오래간 일이 없다.

변호인 검사는 우리에게 불리한 것, 잘못된 판단을 일으킬 염려가 있는 부분을 없애지 않아서 유죄라고 주장하는데…….

리영희 학문을 하는 사람의 가장 부끄러운 행위가 남의 쓴 글을 훔쳐서 이용하는 것이다. 그보다 더 부끄러운 행위는 다른 사람의 문장을 마음대로 없애거나 덧붙이는 행위이다.

변호인 『우상과 이성』이란 책 이름이 뜻하는 것은 무엇인가?

리영희 진실이 아닌 것을 진실인 것처럼 강요당하고 있는 것을 우상이라고 이름 짓고, 그에 대비해 사실과 진실이 무엇인가를 추구하는 것이 이성이다.

재판장이 이렇게 하고 싶은 이야기를 다 할 수 있도록 재판을 끌고 갔기에, 그는 무죄 판결로 석방될지도 모른다고 기대를 했다. 그러나 판사가 내린 최종 판결은 징역 3년이었다. 중국에 가서 본 대로 쓴 외국 학자의 글을 번역해 알린 것이 반공법 위반이라는 것이었다. 남편이 석방되리라 기대하고 법정에 나왔던 아내의 실망은 이만저만이 아니었다. 그러나 가장 실망한 사람은 온 힘을 다해 재판을 준비했던 리영희 자신이었다.

그런데 감방으로 돌아와 판결문을 읽어 본 뒤엔 실망이 분노로 바뀌었다. 판사가 쓴 판결 이유 부분이 검사가 자신을 기소할 때 쓴 글과 완전히 똑같았던 것이다. 재판 과정에서 그가 한 이야기나 증인들의 증언은 단 하나도 인정되지 않았다. 그동안의 재판 과정은 형식에 지나지 않았다는 이야기였다.

리영희는 고등 법원에 다시 판결을 요청했지만, 징역 3년이 2년으로 바뀌었을 뿐이었다. 그는 대법원에 상고(판결을 다시 해 줄 것을 대법원에 신청하는 일)를 하기로 했다. 재판 결과가 달라지진 않겠지만, 역사에 기록이라도 남기자는 생각에서였다.

23. 반공법을 고발한 상고 이유서

상고하려면 상고를 하는 이유를 밝히는 상고 이유서를 법원에 내야 한다. 그가 상고 이유서를 쓰던 1978년 12월은 무척 추웠다. 난방 장치가 제대로 없었던 터라, 감방 안에 물을 떠다 놓으면 그대로 얼어 버릴 정도였다. 그렇게 춥다 보니 손이 곱아 연필을 잡는 것조차 힘들었다.

추위만 문제가 아니었다. 상고 이유서를 제대로 쓰려면 주장을 뒷받침할 자료나 책을 보아야 하는데, 그런 자료나 책을 하나도 볼 수가 없었다. 교도소 쪽은 그가 감옥에 갇히는 이유가 된 『우상과 이성』이나 『8억인과의 대화』를 보는 것도 허용하지 않았다.

그런 어려움 속에서 쓴 상고 이유서는 오늘날에도 반공법에 대한 가장 깊이 있는 고발장이란 평가를 받는다. 리영희가 상고 이유서에서 강조한 내용은 민주주의와 반공법의 관계, 그리고 지식인의 사회적 책임에 관해서였다.

먼저 민주주의와 반공법의 관계에 대해서 그는 이렇게 썼다.

> 민주주의 사회가 공산주의 사회와 다른 것은 서로 다른 다양한 의견을 존중한다는 점이다. 그리고 반공법은 그렇게 다양한 의견이 존중되는 민주주의 사회를 지켜 나가기 위해 만든 것이다. 그러나 재판 과정을 통해 실제로 반공법이 적용되는 모습은 그 반대임을 확인했다. 정부와 다른 생각을 갖거나 정부를 비판하는 사람을 억누르는 수단이 되고 있었던 것이다. 정부와 다른 생각을 가졌다고 처벌받는 사회라면, 그곳은 결코 민주주의 사회가 아니다. 우리가 국민의 자유를 억압한다고 비판해 온 공산주의 사회와 다를 게 없다.

리영희는 다른 의견을 틀어막는 수단이 되어 버린 반공법의 문제점을 고발한 뒤 자신이 두 책을 쓴 까닭을 설명했다. 그는 지식인에게는 자신의 지식을 다른 사람과 나눌 책임이 있다고 생각했다. 그렇게 생각한 이유는 무엇보다 지식이 오랜 세월 동안 인간이 쌓아 온 지혜에서 나온 생산물이기 때문이다. 예를 들어 컴퓨터는 인류가 오랜 세월 동안 수학적 지식을 조금씩 발전시켜 온 덕에 만들어진 것이지, 어떤 천재 한 사람이 뚝딱 만들어 낸 게 아니다. 그러니 지식인은 선조들에게 빚지고 있는 것이다.

그뿐만이 아니다. 컴퓨터 과학자는 지식을 얻기 위해 공부하는 동안 농부가 땀 흘려 가꾼 음식을 먹고, 공장 노동자가 만든 옷을 입고, 멀리 아프리카에서 운송되어 온 커피를 마신다. 즉 같은 시대를 사는 사람에게도 지식인은 큰 도움을 받고 있는 것이다. 그러므로 지식인에게는 지식을 생산하는 데 도움을 준 사람들에게 새로운 지식의 혜택을 돌려줄 책임이 있다. 그 책임감이 바로『우상과 이성』과『8억인의 대화』를 쓴 이유라고 그는 밝혔다.

하지만 이렇게 절절히 쓴 상고 이유서를 보고도 법원의 판단은 달라지지 않았다. 정부의 눈치를 보고, 진실을 외면하는 데는 대법원 판사들도 하급 법원의 판사들과 다를 바 없었다. 대법원도 그의 주장을 완전히 무시하고 2심 판결을 그대로 인정했다.

24. 죽음으로 끝난 박정희 독재

대법원의 확정 판결로 리영희는 꼬박 2년을 감옥에서 보냈다. 지금은 감옥에 난방 시설도 있고 신문이나 텔레비전을 볼 수도 있지만, 그 당시 감옥은 달랐다. 겨울은 방 안에 얼음이 얼 정도로 춥고, 여름은

숨을 쉬기 어려울 정도로 더웠다. 감방 안에 재래식 화장실이 있어서 여름엔 구더기까지 나왔다.

리영희는 그 더럽고 냄새나는 방에서 지내는 일이 너무 고통스러웠다. 그런데 어느 날 이런 내용의 책을 읽고 나니 그것도 견딜 만해졌다.

옛날에 부처님이 제자 300명을 가르치고 있는데, 어린 나무꾼 하나가 찾아와 부탁했다.

"부처님, 저도 부처님 말씀을 듣고 공부할 수 있게 해 주십시오."

제자들은 감히 나무꾼 주제에 자신들과 한자리에서 부처님 말씀을 듣겠다고 하는 나무꾼을 못마땅하게 생각했다.

하지만 부처님은 그 나무꾼을 받아들이면서 이렇게 말했다.

"그래, 좋다. 대신 공부를 시작하기 전에 여기 내 제자들의 흙 묻은 신발 300켤레를 닦는 일부터 하거라."

어린 나무꾼은 여러 달 동안 온 정성을 다해 제자들의 신발을 닦았다. 그가 마음을 다해 정성껏 신발을 닦는 모습을 보며, 제자들도 점점 그를 존중하게 되었다. 이런 과정을 쭉 지켜본 부처님은 나무꾼에게 말했다.

"나는 너에게 더 가르칠 것이 없구나!"

그리고 제자들에게는 "너희들도 이 어린 나무꾼처럼 해야 한다."라고 가르쳤다.

부처님이 제자들에게 가르친 것은 참사람이 되는 길이었다. 그리고 자기를 싫어하는 제자들의 더러운 신발을 한결같이 정성을 다해 닦은 나무꾼은 이미 참사람이나 다름없었다. 제자들은 그 모습을 보고 나무꾼을 참사람으로 존중하게 됐고, 사람의 겉모습만 가지고 판단해서는 안 된다는 사실을 깨쳤다.

리영희는 이 이야기를 읽은 후 곧바로 감방 화장실 바닥을 닦기 시작했다. 나무꾼이 제자들의 더러운 신발을 닦았듯이 구더기가 기어 나오는 더러운 변소 바닥을 티끌 하나 없이 닦고 또 닦으면서 그는 깨달았다. 변소 바닥의 더러운 것을 닦는 일이 마음의 눈에 묻어 있는 더러움을 닦아 내는 일이라는 것을.

그가 이렇게 감옥 생활을 하는 동안, 바깥에서는 박정희 정권이 끝나 가고 있었다. 학생들과 노동자들의 시위가 늘어났고, 정부를 강력하게 비판했던 김영삼이 야당 대표가 되었다. 박정희 정권은 온갖 방법으로 김영삼을 탄압했다. 심지어 그의 국회의원직을 박탈하기까지 했다. 보다 못한 부산과 마산의 시민들이 들고일어났다. 부산과 마산은 김영삼이 정치인으로 성장할 수 있는 기반을 닦아 준 정치적 고향이었다. 박정희 정권은 시위를 막기 위해 군대까지 보냈지만, 오히려 시위는 더욱 커져 4·19 혁명 이후 최대 규모로 불어났다.

1979년 10월 26일, 박정희가 비서실장, 경호실장, 정보부장을 청와대 밖의 비밀 가옥으로 불렀다. 부산과 마산의 시위 사태에 대해 의논하기 위해서였다. 시위 현장에 다녀온 정보부장은 사태가 심상치 않다며, 김영삼에 대한 탄압을 중단하는 등 좀 더 부드러운 대책을 취하는 게 좋겠다는 의견을 냈다. 하지만 박정희는 만약 서울에서 시위가 일어나면 군인들에게 총을 쏘도록 명령하겠다며 그의 의견을 무시했다. 경호실장은 한술 더 떠 정부에 반대하는 시위대는 탱크로 밀어 버려야 한다고 말했다. 이때 정보부장이 자신의 의견을 철저히 무시한 두 사람을 향해 권총을 발사했다. 박정희와 경호실장 모두 현장에서 목숨을 잃었다.

리영희는 박정희의 사망 소식을 광주 감옥에서 들었다. 처음 그 소식을 들었을 때는 무슨 말인지 이해할 수 없었다. 그러나 곧이어 민주주의와 인권을 짓밟으며 18년 동안이나 계속돼 온 박정희의 독재 체제가 드디어 무너졌다는 것을 깨달았다. 너무 기뻐 눈물과 웃음이 한꺼번에 터져 나왔다.

'지금까지 억누르고 있던 이 세상의 압력이 다 사라져 버린 것 같아!'

몸은 비록 감옥에 갇혀 있었지만, 이제야말로 우리가 꿈꾸던 민주주의 나라를 만들 수 있겠구나 하는 희망이 싹터 올랐다.

박정희가 숨진 후 세 달쯤 지난 1980년 1월 19일, 그는 2년의 형기를 마치고 석방됐다. 찬 바람이 몰아치는 추운 날이었다. 교도소의 철문을 나서니 아내와 벗들이 기다리고 있었다. 아내는 두부 한 조각을 떼어 그의 입에 넣어 주었다. 그 두부에는 다시는 감옥에 가지 말라는 아내의 간절한 마음이 담겨 있었다.

25. 다시 지하 바위 굴에 갇히고

　사람들은 박정희의 죽음이 민주화로 이어질 것으로 기대했지만, 실제 상황은 다르게 펼쳐졌다. 리영희가 감옥에 있던 1979년 12월 12일에 전두환과 노태우가 또다시 군사 쿠데타를 일으킨 것이다. 하지만 민주화를 바라는 국민의 반발을 우려해, 대놓고 권력을 휘두르는 대신 자신들이 권력을 잡을 핑곗거리를 기다리고 있었다. 여기저기서 시위가 벌어지면, 혼란을 막겠다며 나설 생각이었던 것이다. 민주화 운동 진영에도 그들의 속셈에 넘어가지 않기 위한 지혜가 필요했다.

　하지만 박정희 체제에서 탄압받고 억눌려 온 시민들은 더 이상 참지 못하고 자신들의 요구를 내세우며 거리로 나서기 시작했다. 노동자들이 곳곳에서 파업을 벌이고 대학에서는 민주화를 요구하는 학생 시위가 계속됐다. 1980년 5월 15일에는 서울역 광장에 10만 명이 넘는 학생들이 모여들 정도로 시위 규모가 커졌다.

　전두환은 이때를 놓치지 않았다. 5월 17일, 군부는 시위로 인한 혼란을 막는다며 국회를 해산하고 정부를 대신해 나라를 다스릴 비상 기구를 설치한다고 발표했다. 비상 계엄을 전국에 확대해 군인들이 주요 시설을 장악했다. 리영희는 이 소식을 듣고 나라의 앞날을 걱정하다 밤늦게 잠자리에 들었다.

　그날 밤, 시커먼 남자 네 명이 리영희네 집의 담장을 넘었다. 그들은 신발도 벗지 않은 채 그가 자던 방 안으로 들이닥쳤다.

"당신, 리영희지? 우리랑 함께 가 줘야겠소!"

"당신들은 누구요? 한밤중에 도대체 무슨 일이오?"

"잔말 말고 따라오기나 해!"

그들이 막무가내로 그를 끌고 간 곳은 중앙정보부 지하 감옥이었다. 옆방에서는 먼저 잡아 온 사람들을 고문하는지 신음 소리가 들려왔다. 리영희는 영문도 모르고 끌려온 터라 더욱 겁이 났다.

이튿날부터 조사가 시작됐다. 수사관들은 그에게 김대중과 힘을 합쳐 나라를 뒤엎으려 한 사실을 인정하라고 윽박질렀다. 김대중과 단 한 번도 만난 적이 없던 그로서는 기가 찰 일이었다. 리영희를 두 달씩이나 조사했지만, 김대중과의 연결 고리를 찾지 못한 수사관들은 그를 풀어 주겠다고 했다. 그 대신 한양대 교수와 앰네스티 이사 자리에서 물러나라고 요구했다. 리영희는 그들의 요구대로 사직서를 써 주고서야 풀려났다. 한양대 교수로 돌아온 지 겨우 넉 달 만에 다시 해직된 것이다.

석방될 때까지도 잡혀간 이유를 몰랐던 리영희는 집으로 돌아와 5월 18일 자 신문을 보고 놀라지 않을 수 없었다. 자신이 김대중과 함께 나라를 뒤엎을 생각으로 시위대를 뒤에서 조종했다는 내용이었다. 1월에 석방된 후 연구에 집중할 생각으로 아무 일도 하지 않은 그가 어떻게 시위를 조종한다는 말인가?

김대중 역시 그와 마찬가지로 5월 17일 밤에 체포됐다. 이 소식을 들은 광주 시민들이 18일부터 김대중 석방과 민주화를 요구하며 시위를 벌였다. 부산이 김영삼의 정치적 고향이듯이, 광주는 김대중의 정치적 고향이었다. 쿠데타 세력은 중무장한 공수 부대까지 투입해 평화적으로 시위하는 광주 시민을 무차별 공격했다. 수많은 시민이 숨지고 다치자, 시민들도 스스로를 지키기 위해 무기를 들었다.

광주는 사실상 전쟁 상태로 빠져들었다. 하지만 시민군이 중무장한 군인들을 당해 낼 수는 없는 일이었다. 5월 27일, 계엄군이 치열한 총격전 끝에 전남도청에서 마지막까지 저항하던 시민군을 진압했다. 이로써 민주주의를 지키려던 광주 시민들의 싸움은 끝이 났다. 그 과정에서 목숨을 잃거나 다친 사람은 5천여 명에 이르렀다.

그런데도 언론은 이 사실을 제대로 보도하지 않았다. 오히려 민주주의를 지키려는 광주 시민들을 폭도라고 비판했다. 폭력은 군인들이 행사했고 시민들은 그 폭력에 희생됐는데, 완전히 거꾸로 보도한 것이다. 이번에도 우리나라 주요 언론은 민주주의를 지키려는 시민의 편에 서지 않았다. 1960년 4·19 혁명 때도, 1979년의 부산·마산 시위 때도, 그리고 1980년 광주의 5·18 민주화 운동 때도 시위대가 방송사나 신문사를 공격한 것은 그 때문이었다.

광주 민주화 운동을 짓밟은 전두환은 이제 거칠 것이 없었다. 스스로 대통령이 되기 위해 자신을 반대하는 세력들을 다 쫓아냈다. 김대중에게 사형을 선고하고 김영삼은 정치를 못 하게 집에 가두었다.『창작과비평』같이 젊은이들이 좋아하는 잡지는 다 없애고, 언론 자유를 지키려 싸워 온 언론인들도 모두 해고해 버렸다. 민주화 운동에 참여했던 교수들도 대학에서 다 내쫓았다. 국민의 자유와 권리를 억압하는 데는 전두환도 박정희 못지않았다.

26. 학생들을 일깨우다

광주 민주화 운동과 전두환 정권의 등장을 지켜보면서 우리 국민은 미국을 달리 생각하기 시작했다. 그때까지 우리 국민의 대부분은 미국이 민주화를 지지하고 도와줄 것으로 생각했다. 그런데 광주 민주화 운동 과정에서 군인들이 수많은 광주 시민들의 목숨을 빼앗았는데도 미국은 모른 체했다.

그뿐만이 아니었다. 1981년 미국 대통령에 취임한 레이건은 광주 시민을 학살하고 권력을 장악한 전두환을 자신의 첫 번째 손님으로 맞이해 등을 두드려 주었다. 민주화를 위해 싸워 왔던 이들은 미국에 큰 배신감을 느낄 수밖에 없었다.

특히 학생들 사이에 미국에 대한 반감이 커졌다. 학생들은 이제 미국을 믿지 말고 우리 힘으로 민주화를 이뤄야 한다고 생각했다. 우리

힘으로 민주화를 이루려면 노동자들과 힘을 합쳐야 한다고 생각한 많은 대학생이 공장으로 들어가 스스로 노동자가 되었다.

리영희의 딸도 그런 젊은이였다. 대학에 들어간 딸은 학생 운동에 참여했다가 체포되었다. 딸을 수사하던 검사가 리영희를 불렀다.

"따님이 잘못을 인정하고 반성한다는 반성문만 쓰면 풀어 드리겠습니다. 앞날이 창창한 학생이 이 일로 구속되면 학교도 더는 다닐 수 없지 않겠습니까? 아버님께서 잘 설득해 보시기 바랍니다."

그러나 딸을 만난 리영희는 반성문을 쓰라고 설득하는 대신 이렇게 말했다.

"네가 한 일은 너 스스로 책임져야 한다. 어떠한 어려움이 있더라도 동지들에게 책임을 미뤄서는 안 된다."

딸은 아버지의 충고대로 자신이 한 일에 책임을 지고 감옥에 가는 쪽을 선택했다. 석방 후에는 대학을 그만두고 공장의 노동자가 되었다. 리영희는 뛰어난 생물학자를 꿈꾸었던 딸이 자신처럼 힘든 길을 선택한 것이 안타까웠다. 하지만 그는 노동 운동을 하려면 철저하게 하라는 말만 담담히 했을 뿐이다.

리영희는 이렇게 사회 변화를 꿈꾸며 노동 현장으로 뛰어든 학생들에게 가장 큰 영향을 끼친 지식인이었다. 전두환 정권은 그의 책들을 판매 금지했지만, 그럴수록 학생들은 비밀리에 책을 구해 더 열심히 읽었다. 노무현 전 대통령과 문재인 전 대통령 등 우리 사회를 이끈 많은 지도자들도 젊은 시절 리영희의 책을 통해 세상에 눈을 떴다고 고백했을 정도다.

젊은이들로부터 자신의 책을 읽고 삶이 변화했다는 이야기를 자주 듣게 된 그는 그런 젊은이들에게 자신이 살아온 삶을 찬찬히 들려줘야겠다고 생각했다.

'그래, 본격적으로 자서전을 써 보자꾸나.'

그런데 책을 반도 채 쓰지 못한 상태에서 리영희는 또다시 경찰에 체포됐다. 이번에는 6·25 전쟁에 관한 강연이 문제였다. 1984년 1월 교사들을 대상으로 한 강연에서 6·25 전쟁의 성격을 정확하게 알리려면 여러 측면을 살펴야 한다고 말한 것이 반공법을 위반했다는 것이었다.

『8억인과의 대화』 때문에 구속됐을 때 생고집을 부렸던 박처원이 이번에도 리영희를 구속시키려고 억지를 썼다. 하지만 나라 안팎의 사람들이 강하게 항의해 준 덕에 리영희는 43일 만에 풀려났다. 감옥에서 풀려난 얼마 후 그는 다시 한양대 교수로 복직했다. 독재에 대한 나라 안팎의 비판을 피하려고, 전두환 정권이 대학에서 쫓겨났던 교수들과 학생들을 학교로 돌아가게 했기 때문이었다.

5부
한반도 평화를 위하여

27. 핵전쟁의 위험 앞에 놓인 한반도

대학으로 돌아갈 무렵 리영희는 우리나라 주변의 상황을 유심히 지켜보았다. 당시 세계는 미국을 중심으로 하는 자본주의 국가와 소련을 중심으로 하는 공산주의 국가 등 크게 둘로 나뉘어 있었다. 자본주의가 사유 재산에 바탕을 두고 개인의 자유로운 경제 활동을 인정하는 체제라면 공산주의는 사유 재산을 인정하지 않고 빈부 격차가 없는 세상을 추구하는 경제 체제를 의미한다. 우리나라는 자본주의 국가에, 북한은 공산주의 국가에 속해 있었다.

이렇게 둘로 나뉜 자본주의 국가들과 공산주의 국가들은 사사건건

대립했다. 두 진영은 무기를 들고 싸우진 않았지만 실제 전쟁이 벌어진 것처럼 치열하게 대결했기에, 사람들은 이를 두고 차가운 전쟁, 즉 '냉전'이라고 불렀다. 그리고 그런 냉전이 지배하는 당시의 세계 질서를 '냉전 체제'라고 불렀다.

1981년 미국 대통령이 된 레이건은 공산주의 국가가 '악한 나라'이고, 악한 나라를 없애는 것이 자신의 가장 중요한 사명이라고 선언했다. 그리고 그 악한 나라의 우두머리인 소련과 싸워 이기려면 첨단 무기가 필요하다며, 무기 개발에 엄청난 돈을 퍼부었다. 이에 맞서 소련도 본격적인 무기 개발에 나섰다. 세계 최강국인 두 나라가 냉전을 넘어 실제 무기를 들고 맞붙어 싸울 위험이 커지고 있었다.

엎친 데 덮친 격으로, 여기에 일본이 끼어들었다. 제2차 세계 대전에서 승리한 나라들은 일본이 다시는 전쟁을 일으키지 못하게 만들려고 했다. 그래서 일본의 새 헌법에 일본은 군사력을 갖지 않고, 다른 나라와 전쟁할 권리를 갖지 않는다는 내용을 담게 했다. 이 헌법을 일본 사람들은 '평화 헌법'이라고 부른다. 평화 헌법 아래서 일본은 안보를 미국에 맡긴 채 경제 발전에 힘을 쏟을 수 있었고, 1980년대에 세계 2위의 경제 대국으로 성장했다.

이 무렵 일본에선 경제적 힘을 넘어 군사적 힘을 키워야 한다는 목소리가 본격적으로 나오기 시작했다. 당시 일본 총리는 일본이 다시 전쟁할 수 있는 나라가 돼야 한다고 믿는 사람이었다. 그는 미국과 소련의 대결 상황을 이용할 생각으로, 일본이 아시아에서 소련을 막는 막강한 군대가 되겠다고 나섰다.

일본이 다시 전쟁하는 나라가 되면 가장 크게 위협을 받는 곳은 한반도일 수밖에 없다. 역사적으로 일본은 여러 차례 우리나라를 침략했고, 우리를 식민지로까지 삼았다. 만약 일본이 미국과 힘을 합쳐 소련과 싸운다면 한반도가 다시 전쟁터가 될지도 모르는 일이었다. 더욱 걱정스러운 것은 한반도에서 다시 전쟁이 일어난다면, 그것은 핵전쟁이 될 수도 있다는 점이었다. 미국과 소련이 엄청난 핵무기를 가지고 있는 데다, 당시 우리나라에도 미국의 핵무기가 배치된 상태였기 때문이다.

긴박한 국제 상황을 읽어 낸 리영희는 본격적으로 미국과 일본의 움직임과 핵의 위험을 알리는 글을 쓰기 시작했다.

28. 일본 교과서 문제가 중요한 까닭

일본의 움직임 가운데 리영희가 특별히 주목한 것은 교과서를 만드는 기준을 바꾼 점이었다. 일본이 전쟁하는 나라가 되려면 전쟁을 금지한 평화 헌법을 바꿔야만 했다. 그러나 일본 지도자들과 달리 일본의 보통 국민은 평화 헌법 개정에 반대했다. 교과서를 만드는 기준을

바꾼 것은 이런 국민의 마음을 돌리기 위한 작업이었다. 학교에서 일본의 침략 전쟁과 식민지 지배가 잘못한 일이 아니라고 계속 가르친다면, 그렇게 배운 사람들은 평화 헌법을 바꾸는 데 찬성하게 되리라 생각한 것이다.

그렇게 해서 일본은 전쟁 책임은 물론 '위안부' 문제 같은 역사적 죄까지 부인하는 교과서를 만들었다. 심지어 독도가 일본 땅이라는 주장도 교과서에 싣는 지경이 됐다. 왜곡된 교과서로 공부한 사람들이 점점 더 많아지면서, 일본도 전쟁할 수 있는 나라가 돼야 한다는 여론이 점점 높아졌다. 리영희는 일본이 교과서를 심사하는 기준을 바꿨을 때, 여러 차례 글을 써 일본의 검은 속내를 폭로했다.

사실 우리나라 정부도 일본이 교과서 내용을 바꿀 때마다 항의는 했다. 하지만 일본은 눈도 끔쩍하지 않았다. 리영희는 일본이 이렇게 뻔뻔하게 비판을 무시하는 데는 우리의 책임도 있다고 지적했다. 일본의 잘못을 비판하고 역사적 책임을 제대로 물으려면 우리 자신의 역사부터 진지하게 반성해야 하는데, 그러지 못했다는 것이다. 해방 이후 친일파의 책임을 묻지 않고 오히려 친일파가 큰소리칠 수 있게 만든 것을 그 예로 들었다.

실제로 해방 직후 경찰 고위 간부의 90퍼센트 이상이 일제 강점기에 독립운동가를 뒤쫓고 고문하던 일본 경찰 출신이었다. 박정희도 독립군과 싸우던 일본군의 장교였다. '10월 유신'과 '유신 헌법' 등 박정희가 '유신'이란 말을 쓴 것도 19세기 말 일본의 대대적인 개혁을 가리키는 '메이지 유신'을 흉내 낸 것이었다. 이렇게 친일파가 권력을 쥐고 일본의 뒤꽁무니를 쫓아가려는 나라를 일본 사람들이 존중할 리 없다는 게 리영희의 생각이었다.

기자 시절 그는 일본인들이 한국과 한국인을 어떻게 여기는지를 생생하게 목격했다. 1963년 박정희의 대통령 취임식에 참석했던 일본 대표의 기자 회견장에서였다.

한 기자가 손을 들었다.

"오늘 박 대통령 취임식에 참석한 소감을 말씀해 주십시오."

"나와 박정희 대통령은 아버지와 아들 같은 관계입니다. 오늘 취임식에 참석하니 성공한 아들을 보는 것처럼 흐뭇했습니다."

이 대답에 리영희 기자가 물었다.

"아버지와 아들의 관계라니, 그게 무슨 뜻입니까?"

일본 대표는 잠시 움찔하더니 한발 물러섰다.

"아버지와 아들이 아니라 형과 아우라고 하는 게 맞겠네요."

그렇지만 아버지와 아들이든, 형과 아우든, 일본 사람들이 우리나라 사람들을 깔본다는 뜻에서는 다를 바 없는 이야기였다.

리영희는 일본이 우리를 무시하지 못하게 하려면, 일본의 잘못을 지적하는 것보다 더 철저하게 우리의 잘못을 살피고 바로잡아야 한다는 점을 강조했다. 리영희의 생각은 일본 사회에도 큰 영향을 끼쳤다.

일본인들은 그의 이야기를 직접 듣고 싶다며 도쿄대 방문 교수로 초청했다. 박정희를 따라 미국을 방문한 후 처음으로 나라 밖으로 나갈 수 있게 된 것이다. 그는 1985년 봄 일본에 가서 넉 달쯤 지내다가 다시 독일의 초청을 받아 6개월간 독일에서 지냈다.

29. 민주주의를 되찾은 6월 항쟁

1986년에 독일에서 돌아오니 나라 안이 시끌시끌했다. 정부가 '보도 지침'이란 것을 통해 언론을 통제해 온 사실이 밝혀졌기 때문이었다. 언론의 자유는 무엇보다 취재한 내용을 마음대로 보도할 수 있는 자유다. 그런데 전두환 정권이 매일 아침, 모든 언론사에 기사의 방향과 크기까지 정해서 보도하도록 지시했고, 언론사들은 이 지시를 그대로 따랐다는 사실이 드러난 것이다. 정부가 국민의 눈과 귀를 가리기 위해 언론을 조종해 왔다는 사실을 안 국민은 엄청나게 분노했다.

그러나 아무리 분노해도 국민이 할 수 있는 게 별로 없었다. 지금이라면 선거를 통해 독재 정부를 심판하고 새 대통령을 뽑을 수 있지만, 당시 헌법에선 국민이 대통령을 직접 뽑을 수도 없었다. 그래서 대통령을 국민이 직접 뽑을 수 있게 헌법을 바꾸자는 운동이 본격적으로 시작됐다. 1천만 명의 서명을 받아 '대통령 직선제 개헌'을 요구하자는 운동이 전국으로 퍼져 나갔다.

박종철 사건이 일어난 것은 바로 이 무렵이었다. 1987년 1월 초, 평범한 대학생이었던 박종철이 경찰에 붙잡혔다. 그가 끌려온 곳은 1977년 리영희가 잡혀가 조사를 받던 바로 그곳, 남영동이었다. 수사관들은 박종철에게 시위를 주동하고 도망간 친구가 어디 있는지를 캐물었다. 박종철이 입을 안 열고 버티자 수사관들은 물을 가득 채운 욕조에 그의 머리를 처박기를 되풀이했다. 여러 차례 끔찍한 물고문을 당한 박종철은 끝내 숨을 거두고 말았다.

그런데 경찰은 고문하다 그를 죽였다는 사실을 숨기고, "'탁' 하고 치니까 '억' 하고 숨졌다."라는 어이없는 발표를 내놓았다. 사람들은 아무도 그 말을 믿지 않았지만 다른 증거도 없었다. 하지만 진실은 드러나기 마련이다. 박종철의 주검을 확인한 의사를 통해 그가 고문으로 숨진 사실을 알게 된 천주교 신부들이 진실을 세상에 알린 것이다. 죄 없는 젊은이를 고문해 죽이고도 뻔뻔스럽게 거짓말을 한 정부에 국민은 더욱 분노했다.

분노한 시민들은 더욱 거세게 대통령 직선제 개헌을 요구했다. 대학가 곳곳에서 학생 시위가 걷잡을 수 없이 확대됐다. 6월 9일에는 연세대 학생 이한열이 경찰이 쏜 최루탄에 맞아 숨지는 사건까지 벌어졌다. 박종철을 고문으로 죽인 경찰이 또다시 학생 시위를 폭력적으로 진압하다 젊은이의 생명을 빼앗은 것이다. 마산 앞바다에 눈에 최루탄이 박힌 채 숨진 김주열 학생의 주검이 떠오르면서 4·19 혁명이 타올랐듯이, 이한열의 죽음은 6월 항쟁이 폭발하는 계기가 되었다.

그러나 민심의 흐름을 읽지 못한 전두환 정권은 다음 날 국민의 요구를 거부하고 노태우를 대통령 후보로 뽑았다. 민심 따위는 상관 않겠다는 오만한 태도에 국민의 분노는 더욱 커졌다. 이날 저녁부터 학생뿐만 아니라 일반 시민까지 시위에 참여했다. 이한열의 장례식이 열렸던 6월 26일 시청 앞 광장에는 100만 명에 가까운 시민이 모여 '독재 타도'와 '헌법 개정'을 외쳤다.

전두환 정권은 더 이상 버티지 못하고, 직선제 개헌을 약속했다. 4·19 혁명 이후 처음으로 국민이 독재 정권을 무릎 꿇린 것이다.

30. 민주화의 열매 한겨레신문

6월 항쟁은 대통령을 국민의 손으로 직접 뽑을 수 있도록 헌법을 개정하는 성과를 가져왔을 뿐만 아니라 세계 역사상 최초의 국민주 신문인 한겨레신문(지금의 '한겨레')이란 열매도 맺었다.

독재자들은 하나같이 국민의 편에 서서 권력을 감시하는 언론을 싫어했다. 그래서 그들은 제 뜻대로 움직이지 않는 언론인들을 다양한 방법으로 괴롭혔다. 리영희에게 했던 것처럼 감옥에 가두기도 하고,

직장에서 쫓아내기도 했다. 박정희와 전두환 정권 아래서 언론 자유를 지키려 했던 수백 명의 언론인이 차례로 직장에서 쫓겨났다.

이렇게 해직된 언론인들의 한결같은 꿈은 자유롭고 민주적인 신문을 갖는 것이었다. 그러나 전두환 정권 아래서 그 꿈을 실현하는 것은 불가능했다. 신문사를 만들려면 정부의 허가를 받아야 하는데, 정부가 그들에게 허가를 내줄 리가 없었기 때문이었다.

그런데 6월 항쟁 덕택에 법이 개정돼, 신문사 설립이 쉬워졌다. 정부의 허가가 필요 없어져, 정해진 기준만 맞추면 신문사를 세울 수 있게 되었다. 해직 기자들은 지금이야말로 자유롭고 민주적인 새 신문을 만들 기회라고 생각했다. 하지만 신문사를 만들려면 엄청나게 많은 돈이 필요했다.

7월 초 리영희와 조선일보와 동아일보, 한국일보에서 각각 해직된 정태기, 이병주, 임재경이 만났다. 정태기가 먼저 입을 열었다.

"이제야말로 우리가 꿈꾸던 새 신문을 창간할 때입니다. 새로운 컴퓨터 기술을 활용하면 신문사 설립 비용을 줄일 수 있습니다. 제가 조사한 바로는 50억 원 정도 있으면 신문을 만들 수 있을 것 같습니다."

"새 신문 창간이야 우리 모두의 꿈이지만, 50억 원이란 큰돈을 어떻게 마련한단 말이오?"

리영희의 물음에 한동안 침묵이 흘렀다. 이때 이병주가 '국민주 모금'이란 방법을 제안했다.

"필요한 돈을 국민으로부터 모으면 어떨까요? 국민 한 사람 한 사람이 새 신문의 주식을 갖는 거죠."

"그거 정말 좋은 방법이네요!"

함께 있던 모든 사람이 합창했다.

"민주주의를 지키는 자유 언론을 만들자고 하면 많은 시민이 동참할 겁니다."

"국민이 주인인 신문이라면 권력의 눈치를 보지 않고 오로지 국민만 생각하며 신문을 만들 수 있지 않겠소?"

모두들 신이 나서 한마디씩 했다.

"그럼 이제 본격적으로 새 신문 만드는 작업을 시작하는 겁니다!"

정태기가 이렇게 결론을 내리자 모두 박수로 동의했다.

1987년 9월부터 본격적으로 새 신문 창간 작업이 시작됐다. 해직 기자들이 중심이 돼 신문의 방향을 정했고, 필요한 돈도 모이기 시작했다. 하지만 16년 만에 처음으로 국민이 직접 대통령을 뽑을 수 있게 된 선거가 다가오면서 모금은 주춤했다. 국민의 관심이 온통 선거에 쏠려서였다. 많은 국민은 이 선거를 통해 30년 가까이 계속된 군부 독재를 끝장낼 수 있기를 바랐다. 하지만 승리가 눈앞에 있다고 여긴 김대중과 김영삼은 대통령 후보 자리를 서로에게 양보하지 않았다. 결국 두 사람은 모두 대통령 선거에 나섰다. 노태우, 김대중, 김영삼 세 사람이 싸운 선거에서 두 사람이 표를 나눠 가지는 바람에 군인 출신인 노태우가 대통령에 당선됐다. 민주화를 열망했던 국민의 실망은 이만저만이 아니었다.

그때 광고계에서 일하던 해직 기자 강정문이 선거 결과에 실망한 국민을 새 신문 만드는 일로 이끌어 보자고 제안했다. 새로운 신문을 만들기 위한 새 광고가 만들어졌다.

'민주화는 한판의 승부가 아닙니다!'

대통령 선거 결과에 실망만 하지 말고 대통령 뽑는 일보다 더 중요한 새 신문 만드는 일에 함께해 달라는 광고가 국민의 마음속을 파고들었다.

국민의 뜻을 제대로 전하는 신문을 만드는 일이 민주주의를 지키는 일이라는 데 동의한 시민들은 너도 나도 모금 행렬에 참여했다. 며칠 만에 50억 원이 다 모였다. 새 신문은 이듬해 5월 '한겨레신문'이라는 이름으로 세상에 첫 모습을 드러냈다.

한겨레신문은 창간호에서 권력과 자본의 눈치를 보지 않고 오로지 국민의 뜻만 받드는 민주 언론이 되겠다고 약속했다. 1988년 5월 14일 저녁, 커다란 신문 인쇄기에서 처음 떨어진 한겨레신문 창간호를 받아 든 리영희는 눈물을 흘렸다. 그의 나이 쉰아홉 살에 벌어진 대사건이었다.

'아, 드디어 우리가 권력의 눈치를 보지 않고 오로지 국민만을 위할 신문을 만들어 냈구나!'

올바른 언론인이 되고자 애쓰다 두 번이나 언론사에서 쫓겨났던 일도 생각났다. 그리고 무엇보다 지난 30년 동안의 반독재 투쟁이 한겨레신문으로 열매를 맺었다는 생각에 감격했다.

그는 한겨레신문의 논설 고문으로서 사설과 1면에 배치된 '한겨레 논단' 칼럼을 책임졌다. 사설이란 그날의 중요한 문제에 대한 신문사의

의견을 담은 글이고, 칼럼은 개인의 의견을 담는 글이다. 한겨레논단은 200자 원고지로 여덟 장 정도 되는 짧은 글이었다. 그러나 그는 그 짧은 글을 쓰기 위해 책을 몇 권씩이나 읽고는 했다. 그렇게 공들여 쓴 글은 독자들도 알아봤다. 그가 쓴 글이 나오는 날은 한겨레신문이 훨씬 더 많이 팔렸다.

31. 북한 취재 계획으로 또 감옥에

1989년 1월 초, 한겨레신문에서 창간 1주년 특집 기사를 논의하는 회의가 열렸다. 이 자리에서 정태기가 북한 취재를 제안했다. 미국 시민권자인 미주 한국일보의 기자 등이 미국 관광단을 따라 북한에 간 적은 있었지만, 우리나라 언론사 기자가 직접 북한을 방문해 취재한 적은 아직 한 번도 없는 상황이었다. 북한을 방문하려면 정부의 허가를 받아야 하는데, 그동안 정부가 허가하지 않았기 때문이었다.

정태기가 말했다.

"한겨레신문을 창간하면서 우리는 민족의 통일을 위해 노력하겠다고 약속했습니다. 창간 1주년을 맞아 우리 기자가 직접 북한 사람들을 인터뷰하고, 북한 현지를 돌아본 기사를 쓸 수 있다면 큰 의미가 있을 겁니다."

"정부가 과연 방문 허가를 내주겠습니까? 또 허가 없이 북한을 방문하면 국가보안법으로 처벌을 받을 테고요. 그렇지 않아도 우리를 없애 버리고 싶어 하는 정부에 핑곗거리를 주는 일입니다."

다른 간부가 반대했다.

"위험을 무릅써야 한겨레신문의 진가를 국민에게 알릴 수 있지 않겠습니까? 그리고 그 일로 정부가 우리를 탄압하면, 한겨레신문의 주인인 국민이 가만있지 않을 겁니다."

정태기가 다시 반박했다. 리영희도 처음에는 정태기가 무모하다고 생각했다. 하지만 이렇게 찬반 의견이 오가면서 점차 한번 도전해 볼 필요가 있다는 생각으로 바뀌었다. 마침내 회의는 북한 방문을 추진해 보기로 결론을 내렸다. 일본을 통해 그 가능성을 저울질해 보는 책임이 리영희에게 떨어졌다.

그는 곧바로 일본을 방문해 북한과 가까운 일본인에게 북한 취재가 가능할지 알아봐 달라고 부탁했다. 그러나 북한에서 답이 오지 않아 그 계획은 중단됐다. 그런데 한겨레신문이 북한 취재 계획을 세운 걸 어떻게 알았는지, 경찰이 리영희와 다른 한겨레신문 간부들을 잡아갔다. 북한을 방문해 취재할 계획을 세운 것만으로 국가보안법 위반이라는 것이었다.

노태우 정부는 이참에 골칫거리였던 한겨레신문을 없애 버릴 기세였다. 신문사 편집국을 압수 수색 하겠다며 수백 명의 경찰을 보내고 편집위원장 등 다른 간부도 잡아가려고 했다. 그러나 이런 정부의 공격은 오히려 권력으로부터 독립한 한겨레신문의 중요성만 드러냈다. 마침 한겨레신문사에선 인쇄 기계를 더 구입하고 회사 건물을 세우기 위해 2차 모금 운동을 펼치고 있었다. 리영희가 붙잡혀 간 이후 시민들이 앞다투어 모금 대열에 참여한 덕택에, 한겨레신문은 창간 당시 모금액의 두 배가 넘는, 119억 원이란 큰돈을 모았다. 이 열기에 놀란 정부가 한발 물러섰다. 다른 간부는 제외하고 리영희 한 사람만 구속하는 선에서 사건이 마무리됐다.

감옥에 있는 동안 그에게 많은 격려 편지가 쏟아져 들어왔다. 그중에는 초등학생들의 편지도 꽤 있었다.

> 안녕하세요? 저는 국민학교(지금의 초등학교) 학생입니다. 전부터 아빠, 엄마를 통해 선생님이 좋으신 분이라는 것을 알고 있었는데, 얼마 전 텔레비전에서 선생님이 끌려가시는 것을 보고 이상하다고 생각했습니다. 그런데 그 후 한겨레신문을 보면서 선생님이 나쁜 일을 하시지 않았다는 것을 저 스스로 알게 되었습니다. 제가 아직은 어려서 잘 알지는 못하나 저도 크면 선생님처럼 좋은 사람이 되겠습니다. 그때 한겨레신문에서 선생님이 편지를 많이 보내 달라고 하신 것을 보고, 편지를 쓰려고 생각하다 이제야 쓰게 되었습니다. 부디 용기 잃지 마시고, 더운 여름에 건강하시길 바랍니다. 6학년 노혜미 올림.

그는 이런 편지에 힘을 얻어 힘든 감옥 생활을 견딜 수 있었다. 그리고 10년 전 상고 이유서를 통해 반공법의 문제를 지적했듯이, 이번에는 그를 구속한 근거가 된 국가보안법의 문제점을 철저히 연구했다. 재판 과정에서는 그동안 연구한 대로 국가보안법의 문제점을 조목조목 지적했지만, 판사는 받아들이지 않고 유죄를 선고했다. 그 대신 형을 당장 집행하지는 않는 집행 유예 결정을 내려 160일 만에 석방됐다.

32. 핵무기 없는 한반도를 위하여

리영희가 한겨레신문 방북 취재 계획 사건으로 갇혀 있던 1989년은 공산주의 국가들이 무너지면서 냉전이 해체되기 시작하는 시기였다. 소련이 개혁 개방을 추진하자 소련의 영향을 받아 온 동유럽에서는 민주화 운동이 불붙었다. 그 바람이 중국까지 불어와, 그해 6월 수도 베이징의 천안문에서 정치 개혁을 요구하는 시위가 벌어졌다. 중국은 탱크까지 동원해 무력으로 시위를 진압했지만, 동유럽에서는 반대로 공산주의 정권이 시민 혁명으로 차례로 무너졌다. 11월에는 냉전의 상징이던 베를린 장벽이 무너지고 동서로 나뉘어 있던 독일이 이듬해 통일됐다. 소련은 열여섯 개의 나라로 분열됐다.

공산주의 국가 진영의 붕괴는 북한에 큰 어려움을 가져왔다. 과거 공산주의 국가들은 주로 그들끼리 무역을 하는 등 경제적으로 서로 도왔다. 그런 공산권이 무너졌으니 북한에게는 더 이상 물건을 사고팔 곳도, 경제적 도움을 받을 곳도 없어진 셈이었다. 거기에 더해 소련과 중국을 비롯한 과거 공산주의 국가들이 남한과 외교 관계를 맺고 북한을 멀리하기 시작했다. 경제적으로 힘들어진 데다 외교적으로도 고립된 북한은 이 위기를 돌파하기 위해 미국과 관계를 맺으려 했다. 하지만 북한도 다른 공산주의 국가들처럼 무너질 거라 생각한 미국은 북한이 내민 손을 뿌리쳤다.

국제적 외톨이가 된 북한이 살아남기 위해 선택한 것은 핵무기 개발이었다. 핵무기만 가지고 있으면 어떤 강대국도 함부로 공격하지 못할 거라는 생각에서였다. 사실 힘이 약한 나라들은 힘센 나라의 위협을 피하고자 핵무기를 만들려는 유혹에 빠지기 쉽다. 1970년대 미국이 주한 미군을 줄였을 때, 우리나라도 비밀리에 핵무기 개발을 추진한 적이 있고 거대한 중국과 맞서야 했던 대만도 핵 개발을 시도한 적이 있다.

그러나 핵으로 안전을 얻겠다는 생각은 위험천만한 일이다. 1945년 일본에 핵폭탄이 터졌을 때 그 자리에서 숨진 사람만 8만 명에 이르고, 방사능 후유증으로 숨진 사람은 70만 명에 달한다. 핵무기의 위력은 나날이 커지고 있다. 만약 북한이나 남한 땅에서 핵무기가 하나만 터져도 우리 민족이 지구상에서 사라질 수 있을 정도다. 1980년대부터 핵 문제를 연구해 온 리영희는 이런 위험을 잘 알고 있었기에, 무슨 일이 있어도 한반도가 핵 전쟁터가 되는 것만은 막아야 한다고 생각했다.

북한의 핵무기 개발을 막기 위해 국제 사회도 나서기 시작했다. 미국은 비밀리에 북한의 핵 연구 시설을 공격하는 방안을 검토했다. 그러나 북한의 대응 공격으로 주한 미군을 포함한 수백만 명이 목숨을 잃을 수 있다는 연구 결과가 나와서 포기했다.

이런 상황을 지켜보며, 리영희는 북한이 핵 개발에 나서게 만든 원인을 없애 주는 게 핵 문제를 해결할 방법이라고 생각했다. 북한이 핵 개발에 나선 가장 큰 이유는 미국과 남한이 북한을 침략할지 모른다는 걱정이었다. 북한의 걱정이 터무니없는 것은 아니다. 1953년 휴전이 성립되고 70년 가까이 평화가 유지되고 있긴 하지만, 6·25 전쟁은 법적으로는 아직도 끝나지 않은 상태다. 휴전 당시 양쪽이 서명한 것은 싸움을 중단한다는 '정전 협정'이지, 전쟁을 완전히 끝내는 '평화 협정'이 아니었다. 남북한은 지금까지도 평화 협정을 맺지 못하고 있다. 이것이 국제적 외톨이가 된 북한이 전쟁이 다시 시작될지도 모른다고 걱정하는 까닭이다.

리영희는 기회가 있을 때마다 북한의 핵 개발을 막으려면 정전 협정을 평화 협정으로 바꾸고, 남한과 미국이 북한을 침략하지 않겠다고 약속하는 과정이 필요하다고 주장했다. 그리고 북한에도 남한에도 핵무기가 없는 '비핵 지대'를 만들자고 제안했다.

33. 50년 만에 찾은 북한 땅

1997년 대통령 선거를 통해 김대중이 대통령에 당선됐다. 민주 선거로 최초의 정권 교체를 달성한 김대중은 곧바로 남북 관계 개선에 나섰다. 김대중은 그동안 금지됐던 북한과 남한의 민간 교류도 허용했다. 그에 따라 1998년 10월에는 자동차로 유명한 현대 그룹의 정주

영 회장이 501마리의 소를 끌고 판문점을 넘어 북한을 방문하는 놀라운 일이 벌어졌다. 당시 북한은 국제적 고립 속에서 연달아 홍수와 가뭄을 겪어 많은 사람이 굶어 죽을 정도로 어려운 상황이었다. 어려운 북한 동포를 돕기 위한 움직임이 여기저기서 벌어졌다.

한겨레신문도 '남북 어린이 어깨동무'라는 단체와 함께 북한 어린이에게 의약품을 보내는 운동을 펼쳤다. 민간끼리 교류가 제대로 이루어지지 않았던 당시에는 이렇게 모인 구호품을 정부가 대신 북한에 보내 줬다. 그런데 남북 정부의 합의로 민간 구호 기관이 직접 북한에 원조 물자를 전달하는 게 가능해졌다. 그 첫 번째로 선정된 것이 어깨동무였다.

한겨레신문은 리영희를 의약품을 전달할 대표단의 한 사람으로 뽑았다. 1989년 북한 방문 취재 계획을 세웠다는 이유만으로 잡혀가 몇 개월씩이나 감옥 생활을 한 그에 대한 배려였다. 리영희는 고등학교를 마치기 위해 1946년 서울로 돌아온 후 52년 만에 처음으로 고향인 북한 땅을 밟게 된다고 생각하니 감개무량했다. 당시 열여덟 살이던 소년은 이제 일흔 살에 가까운 노인이 되어 있었다.

'죽기 전에 고향 땅을 밟을 수 있게 된다니, 꿈만 같구나!'

그는 통일부에 이산가족 방문 신청도 했다. 남쪽으로 내려오지 못했던 작은 누님과 그 가족을 만나기 위해서였다. 결혼해 시집살이를 하면서도 서울로 유학 간 동생을 위해 장조림과 미숫가루를 만들어

보내 주던 누님이었다.

  1998년 11월 9일, 리영희는 마침내 그리고 그리던 고향 방문길에 올랐다. 그러나 중국 베이징에서 북한 비행기로 갈아타기 전, 북한 쪽이 고향 방문은 어렵다며 그 대신 가족은 찾아봐 주겠다고 약속했다는 이야기를 들었다.

  '그토록 그리던 고향을 가 볼 수 없다니 너무 아쉽구나! 그래도 누님은 볼 수 있겠지!'

  리영희는 10일 북한 비행기를 타고 평양으로 향했다. 눈을 감으니 서울로 오기 전 마지막으로 보았던, 스물세 살 새색시였던 작은 누님의 모습이 떠올랐다. 그러다 문득 누님의 나이를 헤아려 보았다.

  '1946년에 스물셋이었으니, 1998년인 지금은 일흔다섯!'

  그 생각을 하니 머리가 아득해졌다. 그동안 수많은 사람이 굶어 죽을 정도로 북한의 경제 사정이 어려웠던 것을 생각하면, 그 나이의 누님이 살아 있으리란 보장이 없었다.

  그는 불안과 기대 속에 북한의 순안 비행장에 내렸다. 평양 시내로 들어가면서 북한이 왜 고향 방문이 어렵다고 했는지 이해가 됐다. 도로 곳곳이 파여 있었고, 자동차도 몇 대 안 보였다. 평양에서 구호품 전달 등의 공식 일정을 소화하면서도 이제나저제나 누님 만날 시간만 기다렸다. 하지만 며칠이 지나도 누님에 관한 소식은 없었다.

  도착 나흘째인 11월 13일에야 북한 관리가 소식을 전했다.

"리 선생님, 가족을 찾은 것 같습니다."

그는 왜 누님이 아니라 가족을 찾았다고 하는지 불안했지만 차마 이유를 묻지 못했다. 그리고 그날 저녁 북한 관리가 다시 찾아왔다.

"기뻐하십시오. 방금 호텔에 리 선생님의 조카가 도착했습니다."

'왜 누님이 아니고, 조카가 왔을까?'

리영희는 기대 반 걱정 반의 마음으로 조카가 기다린다는 고려호텔의 한 방으로 들어섰다. 조카라는 사람은 얼마나 고생했는지 그보다도 훨씬 늙어 보였다.

리영희는 당황해서 한동안 물끄러미 바라보기만 하다가 간신히 물었다.

"네가 누구냐?"

"조카 최수장입니다."

"그래? 그런데 왜 혼자 왔니? 어머니는?"

그가 질문을 쏟아 내도 조카는 무덤덤하게 대답할 뿐이었다.

"4년 전에 돌아가셨지요."

누님이 돌아가셨다는 말에 눈물이 쏟아졌다. 북한이 한창 어려움을 겪던 시기에 돌아가셨으니 얼마나 고생하셨을까 싶어 안타까웠다. 눈물을 거둔 후 다시 조카에게 물었다.

"어머니가 많은 고생을 하다 돌아가셨겠구나?"

"아니에요. 경애하는 장군님과 당이 먹을 것과 입을 것을 모두 보내

주어서 고생은 전혀 없었어요. 우리는 부족함을 모르고 살았어요. 요 몇 해는 조금 어렵지만요."

북한 관리들이 지켜보는 탓인지 판에 박힌 대답이 돌아왔다. 누님의 생전 모습에 관한 이야기를 좀 더 하니 헤어져야 할 시간이 되었다. 괜찮다고 손사래를 치는 조카에게 가지고 간 달러 몇 장을 주고 헤어졌다. 그것으로 가족 방문은 끝이었다.

34. 북한에서 북한을 비판하고

이튿날 리영희는 한겨레신문 정치부장과 북한의 통일부에 해당하는 조국 평화 통일 위원회의 안경호 부위원장을 만났다. 정치부장이 안 부위원장에게 질문을 했다.

"남북 관계의 개선을 위해서 남한 정부에 가장 먼저 요구하고 싶은 것은 무엇인지요?"

안 부위원장이 답했다.

"비전향 장기수를 무조건 돌려보내 주는 것입니다."

비전향 장기수란 공산주의 이념을 버리지 않은 탓에 오랫동안 우리나라 감옥에 갇혀 있는 사람들이다. 그중에는 과거 6·25 전쟁 당시 빨치산 활동을 했던 사람도 있고 북한에서 남한에 간첩 등으로 파견됐다 체포된 사람들도 있다. 안 부위원장은 남한 정부를 맹비난했다.

"그들을 30~40년씩이나 가둬 놓다니 얼마나 비인도적인 일입니까?"

그렇게 한참 동안 열을 내며 우리 정부를 비판하던 안 부위원장은 아무 말 없이 듣고 있는 리영희에게 불쑥 질문했다.

"리 선생은 이 문제에 대해 어떻게 생각하십니까?"

"저야 그저 가족 방문차 온 사람인데 무슨 할 말이 있겠습니까?"

그가 말을 아끼는데도 안 부위원장은 자꾸 대답을 권했다.

"그러지 말고 한번 말씀해 보시지요."

리영희는 못 이기는 척하고 이렇게 말했다.

"비전향 장기수들을 오랫동안 가둬 놓고 있는 남한 정부를 비판하셨는데, 내가 보기에 절반의 책임은 북한에도 있습니다. 남한 정부가 비전향 장기수 문제로 국제 무대에서 북한을 비난할 때마다, 북한은 '우리는 모른다.'라고 외면하지 않았습니까? 그러다 보니 그 사람들은 북한 주민도 남한 주민도 아닌, 나라 없는 사람이 돼 버렸습니다. 남한이 그들을 북한으로 돌려보내지 않고 30~40년씩 감옥에 가둬 놓을 핑계를 만들어 준 게 북한 아닙니까?"

북한은 그동안 남한에 간첩을 파견한 사실을 인정하지 않으려고 비전향 장기수들에 대해 모른다고 잡아떼 왔다. 리영희는 바로 이 점을 지적하며 북한의 태도를 비판한 것이다. 예상하지 못했던 비판에 북한 관리들은 입도 벙긋 못했다. 한참을 말없이 앉아 있던 안 부위원장이 검토하겠다는 짤막한 답을 한 뒤 자리에서 일어났다. 그 자리에 함께했던 북한 관리는 훗날 남한 사람에게서 이렇게 대놓고 비판을 받아 본 것은 처음이었다고 말했다.

우리 사회의 보수적 사람들은 리영희가 남한 정부는 날카롭게 비판하면서 북한에 대해서는 그렇게 하지 않는다고 비난해 왔다. 하지만 앞의 북한 관리가 지적했듯이, 북한 현지에 가서 이렇게 대놓고 북한을 비판한 사람은 별로 없었다.

리영희는 북한의 김일성에 대한 개인 숭배, 일당 독재, 사회 통제 등은 결코 수용할 수 없는 제도라고 말하고는 했다. 또 북한처럼 다양성을 인정하지 않고 한 가지 생각만 강요하는 사회는 정신적으로 이미 죽은 사회라고 비판하기도 했다.

리영희가 남한 정부를 더 많이 비판한 것은 일본을 비판하기에 앞서 우리의 잘못을 더 살펴야 한다고 했던 것과 같은 이유에서였다. 우리 자신을 되돌아보고 제대로 선 뒤에 하는 비판이라야 북한도 일본도 따갑게 여길 거라고 보았기 때문이다.

35. 최후까지 행동한 지식인

북한에서 돌아온 지 얼마 안 돼, 리영희는 아무도 없는 집에서 홀로 글을 쓰던 중 뇌출혈로 쓰러졌다. 2000년 11월, 그의 나이 일흔한 살이었다. 그동안 너무 몸을 돌보지 않고 일에 매달린 탓이었다. 구조대가 달려온 덕에 간신히 목숨을 건졌지만, 오른쪽 몸은 마비되고 말았다. 이제는 더는 글을 쓸 수 없게 됐다.

리영희는 실망하지 않고 마비된 몸의 감각을 되살리기 위해 맹훈련을 했다. 어느 정도 움직일 수 있게 됐을 때는 아파트 뒷산 둘레길을 하루에 네 시간씩이나 걸었다. 그렇게 2년쯤 지나니 지팡이를 짚고 외출할 정도가 되었다. 그렇지만 바깥의 공식적인 모임에는 나가지 않았다. 이제는 자신의 몸을 잘 다스리며, 못다 읽은 좋은 책들을 보며 여유롭게 지내고 싶었기 때문이었다.

하지만 세상은 아직도 리영희를 부르고 있었다. 2001년 미국 대통령이 조지 부시 2세로 바뀌면서 북한에 대한 정책도 180도 바뀌었다. 그 전에 미국은 북한과 대화를 하면서 핵 문제를 풀어 가려고 했지만, 새로 들어선 부시 정권은 북한과 대결하는 쪽으로 방향을 바꿨다. 미국은 2002년 북한을 '미국이 핵무기로 공격할 수 있는 나라'에 포함했다. 북한에서도 이에 맞서 다시 핵 개발을 본격화했다. 리영희는 이렇게 가다간 한반도에 핵전쟁이 일어날지 모른다고 생각했다. 그래서 여러 토론회에 참석해 핵전쟁의 위험을 경고했다. 오른손이 마비돼 글을 쓸 수 없으니 직접 현장에 나가 말로 뜻을 전한 것이다. 나라의 안전과 평화를 지키기 위해 지식인으로서 책임을 다하기 위한 행동이었다.

2003년 3월 미국이 이라크를 침략했을 때는 이라크 전쟁에 반대하는 집회에 나가 연설하기도 했다. 이라크 침략 이후 한반도가 새로운 전쟁터가 될 수 있음을 경고하기 위해서였다.

"미국의 이라크 침략을 막지 못하면, 우리 한반도가 또다시 전쟁터가 될 수 있습니다. 미국은 이라크와 북한 등 두 개 지역의 전쟁에서 모두 승리하는 전략을 세웠습니다. 한반도에서 다시 전쟁이 일어나는 일은 반드시 막아야 합니다!"

젊은 시절 모든 것을 파괴하는 전쟁의 끔찍함을 생생하게 체험했기에, 무슨 일이 있어도 전쟁을 해서는 안 된다는 게 그의 신념이었다.

다행히 한반도가 새로운 싸움터가 되는 상황은 일어나지 않았지만, 이때부터 북한은 더 열심히 핵무기를 개발했다. 그 결과 북한은 현재 핵무기는 물론이고 그 핵무기를 미국까지 실어 나를 수 있는 미사일까지 갖게 되었다. 우리 사회가 핵무기와 핵전쟁의 위험을 경고한 리영희의 목소리에 귀기울이지 않은 가슴 아픈 결과가 아닐 수 없다.

| 나가며 |

자유인으로 책임을 다한 삶

리영희가 글을 쓸 수 없게 된 이후에도 여러 출판사에서 그의 삶을 정리하는 책을 내자고 제안해 왔다. 1980년대에 그런 작업을 하다 중단해서 그의 일생을 정리하는 작업이 완성되지 못했기 때문이었다. 한 출판사가 대화를 통해 정리하는 방법을 생각해 냈다. 2002년부터 꼬박 1년에 걸쳐 대화가 진행됐다. 그리고 또다시 2년 동안의 검토를 거쳐 『대화: 한 지식인의 삶과 사상』이 2005년에 출간됐다.

리영희는 이 책의 서문에서 자신의 삶을 이끌어 준 근본적인 가치는 '자유'와 '책임'이었다고 밝혔다. 인간은 누구나 '자유인'이기 때문에 자기의 삶을 스스로 선택할 자유가 있고, 그 선택에 대해서 책임을 질 의무가 있다는 것이었다. 그래서 그는 어떤 고통이 따르더라도 스스로 선택한 길에 대한 책임을 다하려고 노력해 왔다고 말했다.

많은 사람이 그의 삶에 경의를 표했다. 평생을 바쳐 이룩하고자 한 나라의 민주주의도 어느 정도 자리 잡은 듯했다. 이제는 뒷일은 후배들에게 맡기고 평온한 노후를 보내도 좋을 것 같았다. 리영희는 평생 스승으로 삼아 온 루쉰의 고향도 방문하고, 일제 강점기에 일본 홋카

이도로 끌려갔던 조선인과 중국인의 유골 발굴을 돕기도 했다. 그가 좋아하는 『레 미제라블』을 프랑스어로 읽거나 불교 관련 책에 빠져들다가, 답답해지면 경기도 안산에서 경비행기를 타기도 했다.

하지만 여유로운 나날은 그렇게 길지 않았다. 세상이 그의 뜻처럼 흘러가지 않은 탓이다. 단단히 자리 잡은 줄만 알았던 민주주의가 뒷걸음치고, 남북 관계도 나빠져 갔다. 자신을 비롯한 민주 진영이 온몸을 바쳐 이룩해 온 민주주의가 무너져 가는 것을 보면서 리영희는 너무나 마음이 아팠다. 이렇게 아픈 마음은 병으로 이어졌다. 젊은 시절 주삿바늘이 무서워 기절할 정도였던 리영희는 매일같이 배에 가득 찬 물을 주사로 뽑아내야 했다. 입원과 퇴원을 반복하며 힘들게 병과 싸우던 리영희는 2010년 12월 5일 새벽, 세상을 떠났다.

이야기를 다 마친 엄마가 아름이를 보면서 이렇게 덧붙였다.
"아름아, 이런 선생님을 두고 사람들은 '사상의 은사' '실천하는 지성'이라고 불렀단다."

"엄마, '사상의 은사'랑 '실천하는 지성'이 무슨 뜻이에요?"

"'사상의 은사'란 젊은이들에게 스스로 생각하는 힘을 길러 준 분이란 뜻이고, '실천하는 지성'이란 자신의 옳다고 생각한 일을 행동으로 실천한 분이라는 의미야."

엄마는 선생님이 옳다고 생각한 일은 우리 사회를 짓누르는 거짓의 꺼풀을 벗기고 진실을 드러내는 일이었다고 설명해 주었다. 리영희 선생님은 "내가 목숨을 바쳐서라도 지키려고 한 것은 진실"이라고 말하고는 하였단다.

엄마는 무엇이 거짓이고 무엇이 진실인지 알기 위해서는 스스로 생각하고 판단하는 힘을 갖춰야 한다고 말했다. 리영희 선생님이 많은 책을 쓴 것도 우리가 생각하는 힘을 키워 무엇이 진실이고 무엇이 거짓인지 가려내기를 바라서였다고 했다. 그러나 거짓이 판치는 사회에서 진실을 찾아 드러내는 일은 말처럼 쉬운 일이 아닐 것이다.

"특히 리 선생님이 주로 활동했던 군부 독재 시절에는 '목숨을 바칠 수도 있는' 일이었단다. 선생님이 말했듯이, 사마귀가 임금님의 수레를 막아서는 것처럼 무모한 일이었던 거지."

　엄마는 말을 마치고 가만히 눈을 감았다.

　'하지만 그렇게 무모하게 진실을 드러내기 위한 싸움에 나섰던 리 선생님 같은 분들이 계시지 않았다면, 우리가 지금과 같은 민주 사회에서 살 수 있을까?'

　엄마의 이야기를 다 듣고 난 아름이의 머리에는 수많은 질문이 맴돌았다.

| 부록 |

사진으로 보는 리영희의 삶과 한국 현대사

1. 식민지 변방의 소년(1929~1950)

1929년 11월 | 광주 학생 항일 운동이 일어나다
1929년 12월 2일 | 리영희가 태어나다

전라남도 광주의 학생 2천여 명이 일본의 식민 지배에 분노하며 거리로 나선 1929년 겨울, 리영희는 한반도의 가장 북쪽 끝인 평안북도 운산에서 태어났다.

1936년 | 평안북도 삭주군의 초등학교에 입학하다
1937년 | 중일전쟁이 일어나다

리영희가 초등학교에 다닐 당시 일본은 중국과 전쟁을 벌이며 한반도를 약탈하였다. 1940년에는 우리말 수업이 없어지고, 모든 수업이 일본어로만 이루어지기도 했다.

1942년 3월 | 경성공업학교에 진학하다
1945년 8월 15일 | 우리나라가 광복을 맞이하다

전기과 4학년이었던 리영희는 전쟁에 필요한 물자를 만드는 일에 불려 다니던 중, 1945년 8월 '어머니 위독'이란 가짜 전보를 받고 고향에 돌아갔다. 그로부터 겨우 일주일이 지난 8월 15일, 일본은 항복을 선언하고 우리나라는 빼앗긴 주권을 되찾았다.

1946년 7월 | 해양대학교에 입학하다
1948년 8월 15일 | 대한민국 정부가 수립되다

해방 이후에도 나라 안팎의 사정이 혼란스럽던 중에 남한과 북한에서 별도로 정부가 세워진다. 대학교 3학년이었던 리영희는 해양 실습 도중 여수와 순천에서 일어난 군인들의 반란을 목격한다.

1 어린 시절의 리영희
2 리영희의 아버지와 어머니
3 경성공업학교 시절의 리영희
4 1945년, 광복을 기뻐하는 사람들
5 1948년 8월 15일 정부 수립 선포식

2. 6·25 전쟁이라는 삶의 수련장(1950~1957)

1950년 6월 25일 | 6·25 전쟁이 일어나다
1950년 8월 | 군대에 들어가 통역 장교가 되다
대학 졸업 후 영어 교사로 취직한 지 세 달만에 전쟁이 일어나자, 리영희는 부모님을 피신시킨 후 곧바로 군대에 들어가 통역 장교가 된다.

1951년 2월 | 국민 방위군 사건과 거창 민간인 학살 사건이 일어나다
1951년 10월 | 동생이 세상을 떠나다
리영희는 6·25 전쟁을 통해 나라와 나라 사이의 관계에 눈을 떴을 뿐만 아니라, 한국 군대의 문제점도 생생하게 체험하였다. 특히 국민 방위군 사건과 거창 민간인 학살 사건을 목격하며 나라 사랑은 힘없는 사람만 하는 것인가 하는 의문을 품기 시작했는데, 동생 명희가 가슴 아프게 세상을 떠나자 리영희의 회의는 깊어져 갔다.

1953년 7월 27일 | 휴전이 이루어지다
1954년 | 부산에서 유엔군 시설을 접수하는 업무를 맡다
1953년 7월 27일, 마침내 휴전이 이뤄졌다. 부산으로 근무지를 옮긴 리영희는 전쟁 중 미군이 사용하던 시설을 넘겨받는 일을 맡게 되었다. 미군이 아무 쓸모도 없는 시설을 모두 군사 원조로 계산해 넣으려고 하여 많은 갈등을 빚었으며, 리영희에게는 한국과 미국의 관계가 얼마나 불평등한지 깨닫는 계기였다.

1957년 8월 | 육군 소령으로서 군 생활을 마치다
리영희는 군대 생활에서 벗어나고자 공부에 매달렸고, 그러는 동안 윤영자 여사를 만나 1956년 11월 13일 결혼했다. 이듬해엔 합동통신사 기자 시험에 합격해 1957년 8월 16일 군에서 제대했다. 3년 동안의 전쟁, 그리고 7년 동안의 군 생활을 거치며 그는 우리 사회의 잘잘못을 냉정하게 살피는 비판적 지식인으로 성장했다.

6 6·25 전쟁 당시 피란길에 오른 사람들
7 국민 방위군에 소집된 민간인
8 미군에게 보고 중인 리영희
9 군사 원조 서류 서명을 지켜보는 리영희(맨 오른쪽)
10 윤영자 여사와 리영희

3. 진실을 추구한 기자(1957~1972)

1957년 9월 | 합동통신사에 외신부 기자로 입사하다
1960년 4월 19일 | 4·19 혁명이 일어나다

리영희는 합동통신사에서 기자로서의 첫발을 내딛었으며, 기자가 된 지 2년 만에 세계적인 언론 『워싱턴 포스트』에 이승만 정권의 독재를 알리는 등 한국의 정세에 관한 기사를 싣게 된다. 결국 부정 선거로 권력을 연장하려던 이승만 정권을 향한 국민들의 분노가 폭발하면서, 12년에 걸친 이승만 독재는 끝이 나고 만다.

1961년 5월 16일 | 박정희가 쿠데타를 일으키다
1961년 11월 | 박정희와 동행하며 워싱턴 회담을 취재하다

당시 육군 소장이었던 박정희가 무력으로 정권을 빼앗음으로써 4·19 혁명이 가져온 민주주의는 겨우 1년밖에 버티지 못했다. 이 시기에 리영희는 박정희와 케네디 미국 대통령의 정상 회담 결과를 깊이 취재하여 특종을 터트린다. 1963년부터 시작된 한일 회담에 관해서도 깊이 있게 공부해 특종 보도를 함으로써 명성을 한껏 높인다.

1964년 9월 | 대한민국이 베트남 전쟁에 전투 부대를 보내다
1964년 11월 | 반공법 위반 혐의로 처음 구속되다

조선일보로 직장을 옮긴 리영희는 남북한이 유엔에 동시 가입을 추진한다는 기사를 썼다가 감옥에 끌려간다. 다행히 한 달여 만에 석방되었지만, 자신이 세운 원칙대로 진실하게 베트남 전쟁을 보도했다는 이유로 정권의 눈엣가시가 되었다. 결국 1969년 4월 리영희는 박정희 정권의 압력으로 해직을 당한다.

1971년 4월 | 박정희가 세 번 연속으로 대통령에 당선되다
1971년 10월 | 다시 근무를 시작한 합동통신사에서 쫓겨나다

박정희는 마음대로 헌법을 고쳐 가며 장기 집권에 들어갔고, 군대를 동원해 자신에게 반대하는 대학생을 모조리 잡아갔다. 리영희를 비롯한 양심적인 지식인들이 이를 비판하는 '64인 지식인 선언'을 발표하자, 정권은 리영희를 또 한 번 강제로 해고시켰다.

11 4·19 혁명 당시 거리로 나선 사람들
12 쿠데타를 일으킨 박정희와 군인들
13 미국 연수 시절의 리영희
14 조선일보 외신부장 시절의 리영희
15 베트남 파병 군인 환송식

4. 글로서 사람을 깨우다(1972~1987)

1972년 10월 | 박정희 정권이 유신 헌법을 발표하다
1974년 6월 |『전환시대의 논리』를 출간하다

유신 헌법에 따라 국민은 대통령을 직접 뽑을 수 없게 됐고, 한 사람이 평생 대통령을 할 수 있는 길도 열렸다. 박정희 정권은 긴급 조치를 연달아 선포하며 국민이 헌법에 관해 어떠한 의견도 낼 수 없도록 입을 막았다. 이런 상황에서 리영희는 글 쓰는 일에 힘을 써서 베트남 전쟁 등의 진실을 알리는 첫 책『전환시대의 논리』를 출간하였다. 이 책은 나오자마자 학생들 사이에서 커다란 화제를 일으키며 베스트셀러가 되었다.

1975년 4월 | 베트남 전쟁이 끝나다
1977년 11월 | 반공법 위반 혐의로 두 번째로 감옥에 가다

베트남 전쟁이 미국과 남베트남의 패배로 막을 내렸다. 국민의 지지를 받지 못하면 전쟁에서도 이길 수 없다는 게 베트남전의 교훈이었지만 박정희는 이 교훈에 눈감았다. 인권과 자유에 대한 억압은 갈수록 심해졌다. 리영희는 1976년 교수로 일하던 한양대에서 강제로 쫓겨나고, 뒤이어 출간한『8억인과의 대화』『우상과 이성』이 반공법을 위반했다는 이유로 또다시 감옥에 가고 만다.

1978년 11월 | 옥중에서 상고 이유서를 작성하다
1980년 5월 18일 | 광주 민주화 운동이 일어나다

세계 각지에서 리영희의 구속을 비판하는 성명서를 발표하고, 리영희도 감옥에서 민주주의와 반공법의 관계, 그리고 지식인 사회적 책임을 밝힌 '상고 이유서'를 작성한다. 1979년 10월 26일 박정희가 총에 맞아 사망하며 민주주의가 이루어지나 싶었지만, 전두환과 노태우의 쿠데타로 물거품이 되었다. 광주 민주화 운동이 벌어지고, 리영희는 시위를 뒤에서 조종했다는 억지 이유로 또다시 구속되었다.

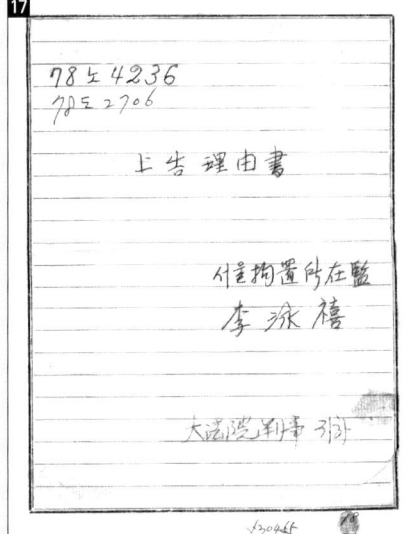
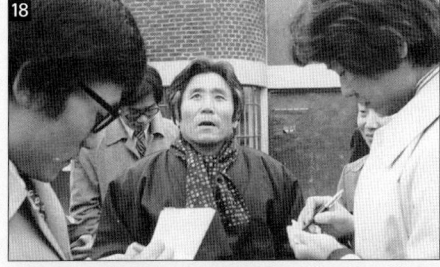

16 리영희가 쓴 『전환시대의 논리』 『우상과 이성』 『8억인과의 대화』 표지(왼쪽부터)
17 '상고 이유서' 표지
18 1980년, 감옥에서 풀려나 인터뷰하는 리영희
19 광주 민주화 운동 당시 무장한 군대가 시민들을 진압하는 모습

5. 한반도 평화를 위하여(1987~2010)

1987년 6월 10일 | 6월 항쟁이 일어나다
1988년 5월 | 한겨레신문의 논설 고문이 되다

1987년 6월, 독재 정권을 향한 분노가 폭발하였다. 결국 전두환 정권은 직선제 개헌을 약속하며 국민 앞에 무릎을 꿇었다. 해직 기자들은 이 기회를 활용해 민주 언론 한겨레신문을 만들었다. 리영희는 칼럼을 통해 한겨레신문의 이름을 드높였다.

1989년 4월 | 북한 취재를 계획했다는 이유로 구속되다
1989년 11월 | 독일의 베를린 장벽이 무너지다

노태우 정권은 북한 취재를 계획했다는 이유로 리영희를 구속하고 한겨레신문사에 수백 명의 경찰을 보냈지만, 이런 정부의 공격은 오히려 권력으로부터 독립한 한겨레신문의 중요성만 드러냈다. 더불어 11월에는 냉전의 상징이던 독일의 베를린 장벽이 무너지며 냉전이 해체되기 시작한다.

1994년 6월 | 북한이 국제 원자력 기구 탈퇴를 선언하다
1998년 11월 | 52년만에 북한을 방문하다

냉전이 해체되면서 국제적 외톨이가 된 북한은 핵무기 개발을 선택했고, 한반도에 전쟁 위기가 고조됐다. 리영희는 핵전쟁의 위험을 알리는 일에 힘을 썼고, 남북이 분단된 후 처음으로 고향인 북한 땅을 밟게 된다.

2000년 11월 | 뇌출혈로 쓰러져 외부 활동을 중단하다
2003년 3월 | 미국이 이라크를 침략하다

리영희는 더 이상 글을 쓸 수 없는 상황에서도 한반도 평화를 지키기 위해 온 힘을 쏟았다. 특히 미국이 이라크 침공을 선언하자, 전쟁 반대 집회에 나가 연설하기도 했다. 이라크 침략 이후 한반도가 새로운 전쟁터가 될 수 있음을 경고하기 위해서였다.

2010년 12월 5일 | 82세의 나이로 숨을 거두다

20 6월 항쟁 당시 거리에서 민주화를 외치던 청년
21 1988년 5월 15일, 한겨레신문 창간호의 1면
22 1998년 11월, 평양에서 북한 어린이와 함께한 리영희
23 한겨레 통일문화상 시상식에서 환하게 웃는 리영희

| 시리즈 소개 |

역사 속 인물을 만나 보자!

우리는 자라면서 수많은 사람을 만나게 됩니다. 부모님과 또래 친구들, 선생님……. 그들과 서로 영향을 주고받으면서 지식을 얻고 세상을 알아 갑니다. 때로는 책을 통해서 새로운 사람들을 만나기도 합니다. 나보다 앞선 시대를 산 사람들의 삶을 들여다보며 자극을 받고, 그들의 모습을 닮으려고 합니다. 책에서 만나는 인물들은 어릴 때부터 비범한 재주와 재능을 지녔을 뿐 아니라 타고난 인품도 훌륭하여, 우리와는 다른 세상에 사는 사람들처럼 보입니다. 감히 좇아가려야 갈 수 없는 인물이 대부분입니다.

하지만 아무리 뛰어난 인물이라도 처음부터 '영웅'이나 '위인'으로 태어나는 것은 아닙니다. 지금 시대에 태어났다면 우리와 함께 학교에 가고 컴퓨터 게임을 즐기는 친구가 되었겠지요. 다만 살아가면서 자신을 좀 더 깊이 들여다보고 끊임없이 노력하여 공동체와 미래를 위해 중요한 업적을 남긴 것이에요.

'내가 만난 역사 인물 이야기'는 역사 속 인물들이 여러분 곁에 살아 숨쉬기를 바라는 마음을 담아 펴냅니다. 한 사람이 살아온 발자취

가 모여 그 사람의 역사가 됩니다. 여러 사람의 역사가 모여 한 나라의 역사가 됩니다. 사람은 역사를 만들고, 역사는 사람을 만듭니다. 이 둘이 서로 영향을 주고받으며 새로운 역사가 만들어지지요. 그래서 인물들의 발자취를 따라가다 보면 그 인물이 살았던 시대 상황과 역사의 흐름을 알 수 있습니다. 또한 역사와 시대의 소용돌이 속에서 어떤 생각과 행동을 했는지 배울 수 있습니다.

  이 책을 통해 역사 속에서 큰 발자취를 남긴 인물을 만나는 기쁨을 얻을 뿐 아니라, 이 시대의 문화와 역사를 더 깊이 알고 느끼기를 바랍니다.

펜으로 진실을 밝힌 리영희

2022년 7월 1일 초판 1쇄 발행

지은이 　　권태선
그린이 　　이은주

펴낸이 　　강일우
책임편집 　한지영
디자인 　　윤자영
펴낸곳 　　(주)창비
등록 　　　1986. 8. 5. 제85호
주소 　　　10881 경기도 파주시 회동길 184
전화 　　　031-955-3333
팩스 　　　031-955-3399(영업) 031-955-3400(편집)
홈페이지 　www.changbikids.com
전자우편 　dongmu@changbi.com

ⓒ 권태선, 이은주 2022
ISBN 978-89-364-4822-6　73990

* 이 책은 『진실에 복무하다』(창비 2020)를 어린이가 읽기 쉽게 다듬은 글입니다.
* 이 책 내용의 일부 또는 전부를 재사용하려면 반드시 저작권자와 창비 양측의 동의를 얻어야 합니다.
* 책값은 뒤표지에 표시되어 있습니다.
* KC마크는 이 제품이 공통안전기준에 적합하였음을 의미합니다.